es 1590
edition suhrkamp
Neue Folge Band 590

Norbert Elias, geboren 1897, verbrachte seine Kindheit in einem gut-
bürgerlichen Milieu in den Jahren des Kaiserreichs, war im Ersten
Weltkrieg Soldat, studierte zur Blütezeit der deutschen Soziologie in
Heidelberg, emigrierte nach Beginn der Naziherrschaft zuerst nach
Frankreich, dann nach England, wo er längere Zeit an der Universität
von Leicester lehrte. In den letzten zwei Jahrzehnten nahm er unter
anderem mehrere Gastprofessuren in der Bundesrepublik wahr. Seit
einigen Jahren lebt er in Amsterdam.

Sein unmittelbar vor dem Zweiten Weltkrieg erschienenes Haupt-
werk *Über den Prozeß der Zivilisation* hat seit Mitte der siebziger Jahre
breite Anerkennung gefunden. Inzwischen ist er von einem Außenseiter zu einer Mittelpunktfigur der Sozialwissenschaften geworden.

Die beiden in diesem Band enthaltenen Texte – ein biographisches
Interview mit Norbert Elias und sein Text »Notizen zum Lebenslauf«,
eine Art intellektueller Autobiographie, in der er unter anderem einen
Zusammenhang zwischen theoretischer Entwicklung und biographi-
scher Erfahrung herstellt – geben dem Leser Schlüssel zum Verständnis
der Person Norbert Elias' und seines Werkes in die Hand.

Norbert Elias
über sich selbst

A. J. Heerma van Voss
und A. van Stolk
*Biographisches Interview
mit Norbert Elias*

Norbert Elias
*Notizen
zum Lebenslauf*

Suhrkamp

Das *Biographische Interview* wurde von Michael Schröter
aus dem Englischen (die einleitenden Bemerkungen dazu
aus dem Holländischen) übersetzt.

edition suhrkamp 1590
Neue Folge Band 590
Erste Auflage 1990
© Suhrkamp Verlag Frankfurt am Main 1990
Erstausgabe
Alle Rechte vorbehalten, insbesondere das der Übersetzung,
des öffentlichen Vortrags
sowie der Übertragung durch Rundfunk und Fernsehen,
auch einzelner Teile.
Satz: Hümmer, Waldbüttelbrunn
Druck: Nomos Verlagsgesellschaft, Baden-Baden
Umschlagentwurf: Willy Fleckhaus
Printed in Germany

1 2 3 4 5 6 – 94 93 92 91 90 89

Inhalt

A. J. Heerma van Voss und A. van Stolk
Biographisches Interview mit Norbert Elias

Norbert Elias ist oft über sein Denken, aber nur selten über sein Leben interviewt worden – ein Thema, das ihn auch viel weniger beschäftigt. Seine eigenen *Notizen zum Lebenslauf* (die in diesem Band wiederabgedruckt werden) handeln ebenfalls vor allem von seiner intellektuellen Entwicklung. Alfred Weber und Karl Mannheim, Soziologen der Weimarer Zeit, erscheinen darin als Hauptpersonen einer Erzählung, die mehr ein Essay als eine Autobiographie ist: der erste Abschnitt trägt den Titel »Von dem, was ich lernte«.

Von dem, was er erlebte, berichtete Elias in sieben Gesprächen, die wir 1984 mit ihm führten und die zusammen etwa 20 Stunden Tonbandaufzeichnungen ergaben. Drei dieser Gespräche fanden in Bielefeld statt, in seinem Arbeitszimmer im *Zentrum für interdisziplinäre Forschung (ZiF)*, vier in seiner Wohnung in Amsterdam-Süd.

Das der Universität angeschlossene ZiF liegt am Stadtrand von Bielefeld, am Übergang zum Teutoburger Wald; es ist ein moderner Gebäudekomplex, sehr ruhig, der als Wohn- und Arbeitsstätte für Wissenschaftler aus verschiedenen Disziplinen errichtet wurde. Im Apartement von Elias war die Atmosphäre bestimmt durch bedrucktes, beschriebenes Papier: Bücher, Zeitschriften, Manuskripte, Ordner, Briefe, Zeitungen. Er begann seinen normalen Arbeitstag, sieben Mal in der Woche, um 11 Uhr; um 2 Uhr kam dann sein Assistent (bzw. seine Assistentin), ein Student oder Doktorand, der bis 10 Uhr abends mit ihm arbeitete. Elias diktierte Texte, korrigierte die verschiedenen Fassungen und erledigte seine Korrespondenz; manchmal hatte der Assistent Mühe, mitzukommen, manchmal gab es lange Pausen. Die Arbeit wurde nur unterbrochen durch einen Spaziergang im Wald und durch das Abendessen – immer beim »Griechen« im nahegelegenen Universitätsgebäude.

In Amsterdam galt (und gilt mutatis mutandis bis heute) eine ähnliche Tageseinteilung, mit dem Vondelpark als Teutoburger Wald und einer Pizzeria anstelle des »Griechen«. Das Haus dort ist wohnlicher, vor allem seit die Sammlung afrikanischer Kunst und die Bibliothek aus Leicester eingetroffen sind – wo Elias schon seit Jahren nicht mehr lebte, wo aber sein Mobiliar und Hausrat sich noch lange befanden.

Elias führt nicht das Leben eines alten Mannes: auch wenn er nicht arbeitet, ist er mit einer gewissen Getriebenheit tätig. Er schreibt Gedichte, die inzwischen zum großen Teil publiziert sind, verfolgt das Weltgeschehen durch den *Herald Tribune* und die Nachrichten der BBC, schwimmt, reist und ist sehr interessiert am Wohl und Wehe seiner Freunde. Erst in letzter Zeit hat er, als Tribut an sein fortschreitendes Alter, den Radius dieser Aktivitäten einschränken müssen.

Nachdem er sich für den Plan eines ausführlichen biographischen Interviews hatte gewinnen lassen, legte er bisweilen ein größeres Durchhaltevermögen an den Tag als seine Interviewer, die zusammen weniger Jahre zählten als er. Ermüdung äußerte sich in überhoher Abstraktheit, nicht in einem Sich-Verlieren in konkreten Details.

Die Gespräche wurden auf Englisch geführt. Elias wägte seine Worte, artikulierte sie mit Nachdruck und in einer expressiven Vortragsweise.

»Mein Gedächtnis ist noch immer recht gut«, sagte er, »obwohl ich schon lange lebe. Vielleicht ist mein Drang, mich zu erinnern, in den letzten Jahren stärker geworden. Es tauchen Bilder und Gesichter aus der dunklen Vergangenheit auf, manchmal sogar mit Namen verbunden. Aber ein Großteil meines Lebens war doch ganz auf meine Arbeit bezogen.«

Wir beginnen in Breslau, das seit mehreren Jahrzehnten wieder zu Polen gehört und heute Wrocław heißt.

Erinnern Sie sich an eine Zeit Ihres Lebens, in der Sie noch nicht gearbeitet haben?
... Nein.

Wann haben Sie angefangen zu arbeiten, in welchem Alter? In der Schule?

Bei der Vorbereitung darauf, ja. Ich war das einzige Kind und hatte alle Kinderkrankheiten, die man nur haben kann. Darum fanden meine Eltern, ich sei zu schwächlich, als daß ich gleich in die erste Klasse gehen könnte – man zählte damals anders herum, von der Octava nach unten. Ich erinnere mich sehr gut, daß sie mir von dem normalen Klassenlehrer meiner Schule Privatstunden geben ließen. Damals fing ich an zu arbeiten.

Also mit sechs oder sieben Jahren.

Ja, vermutlich, aber wann genau, weiß ich nicht mehr. Ich fing auch sehr früh an zu lesen, schmökerte in allen Büchern herum. Das muß ebenfalls mit sechs oder sieben Jahren gewesen sein.

Denken Sie, es war Ihre eigene Wahl, daß die Arbeit für Sie so wichtig geworden ist?

... Ich glaube nicht, daß man je sagen kann, etwas geschehe aus eigener Wahl. Mein Vater hat sehr hart gearbeitet, und meine Mutter überhaupt nicht. Obwohl – das ist nicht ganz richtig. Sie hat natürlich gearbeitet, wenn Gäste kamen. Für die Vorbereitung einer solchen Einladung arbeitete sie sehr hart. Im übrigen war sie die beste Mutter, die man sich vorstellen kann, eine zufriedene, lebensfrohe kleine Frau.

Sie wurden am 22. Juni 1897 geboren, in Breslau. Wie lange haben Sie dort gelebt?

Bis ich Soldat wurde – also bis 1915. Ich ging direkt von der Schule zum Militär. Als der Krieg aus war, kam ich wieder nach Hause zurück.

Sie haben demnach Ihre ersten 18 Jahre in Breslau verbracht. Können Sie uns Ihre Umwelt dort beschreiben?

Ja... Es war ein zweistöckiges Haus mit mehreren Wohnungen – sieben oder acht Zimmer, glaube ich, oder vielleicht auch sechs, ich habe es vergessen. Ein Eckhaus, die vorderen Fenster und die Vordertür gingen auf den ehemaligen Stadtgraben hinaus, der wie in anderen deutschen Städten in einen Kanal verwandelt worden war. Aus den alten Befestigungsanlagen hatte man Promenaden gemacht, zum Spazierengehen, wo Bänke standen und Kinder spielten, voller Bäume. So hatte man nach vorne einen sehr schönen Ausblick, und im Winter – jeden Winter, soweit ich mich erinnere – war das Wasser im Graben fest gefroren, und die Menschen liefen Schlittschuh. Man konnte also auf dieses sehr lebendige Bild sehen, und manchmal ging ich auch selbst dorthin, Schlittschuh laufen.

Nach vorne also war diese schöne Aussicht, sehr charakteristisch, und die anderen Fenster blickten auf eine Seitenstraße, die zu einer ziemlich armen Wohngegend gehörte. So bin ich von klein an aufgewachsen – ich würde nicht sagen vornehm, aber doch sehr bürgerlich, denn meine Eltern mußten natürlich ihren Status als recht wohlhabende Leute repräsentieren. Sie mußten daher in einer guten Gegend wohnen, aber gleichzeitig, um die Ecke, war sie ziemlich arm.

Ich werde nie die Kinder des Hauswarts vergessen, der im Keller wohnte. Man stieg hinunter, ins Souterrain, eine kleine Kellerwohnung, und dort lebten die Kinder, mit denen ich manchmal spielte: ein Mädchen und ein Junge, die im Sommer ohne Schuhe und Strümpfe herumliefen. Das sehe ich noch sehr deutlich vor mir, diese Art von Armut – und doch nicht allzu arm. Ich meine, als Hauswart bekam er wahrscheinlich sehr wenig bezahlt, aber sie hatten die Wohnung umsonst, im Keller, mit einem Fenster und einem kleinen Vorgarten.

Waren es reiche Menschen, die auf der Promenade spazie-
rengingen?

Nein, alle Arten von Menschen. Es war, wie soll ich sagen, keineswegs die beste Mittelklassengegend von Breslau. Aber sie war repräsentativ, auch weil die Zimmer sehr groß waren, jedenfalls die Gesellschaftszimmer, wo man Einladungen geben oder Besucher empfangen konnte. Wir hatten einen besonderen Salon, der nur für Besucher benutzt wurde, eines dieser großen Gesellschaftszimmer, wo die Freundinnen meiner Mutter zum Tee oder Kaffee zusammenkommen konnten.

Nein, die Menschen auf der Promenade waren ganz gemischt. Viele Kinder wurden dort von ihren Kinderfräuleins ausgeführt, und auch ich bin dort oft spazierengegangen, mit anderen Kindern spielen und Reifen treiben.

War es eine reiche Stadt?

Ja, Breslau war wohlhabend, mit einer sehr reichen agrarischen Umgebung – die großen schlesischen Landgüter, deren Besitzer meistens Adlige waren. Ringsum saß der katholische schlesische Adel, und die Stadt selbst war alt, mit einem herrlichen Renaissance-Rathaus und einer alten Jesuiten-Universität. Wirklich eine alte Kulturlandschaft.

Die aber früher zu Polen gehörte?

Im Mittelalter, ja. Oder vielmehr, das war damals alles noch nicht so festgelegt. Schlesien gehörte einer polnischen Dynastie, die teilweise germanisiert war, dann wurde es österreichisch, bis Friedrich der Große es für Preußen eroberte. Im 17. Jahrhundert, als Deutschland über weite Strecken durch Kriege verheert wurde, war Breslau eine der wenigen Städte, die sich von den marodierenden Scharen loskaufen konnten. Und in dieser Periode entstand die wesentliche deutsche Literatur in Breslau. Während das übrige Land von den umherziehenden Truppen furchtbar verwüstet wurde, von den Schweden, den Kaiserlichen und so weiter, blieb Breslau relativ ungeschoren. Es hat also eine lange Geschichte.

Wie viele Einwohner hatte es um 1900?

Als ich dort lebte, mögen es um 500 000 gewesen sein.

War es eine schöne Stadt?

Zum Teil, im Zentrum. Vor allem das Rathaus, mitten auf einem großen Platz, dem »Ring«. Rund herum standen große Häuser, eines davon gehörte meinem Vater, ein Geschäftshaus, das bis zur nächsten Straße durchging; eigentlich waren es zwei Häuser. Es lag genau im Zentrum, Ring 16, ich erinnere mich bis heute, die Nummer war Ring 16.

Dort hatte mein Vater seine Firma. Er war in der Textilbranche, wie viele Juden, hatte wahrscheinlich um 1880 oder 85 begonnen und wurde dann von dem wirtschaftlichen Aufschwung in Deutschland mitgetragen. Es war eine Art Fabrik, aber hauptsächlich Handarbeit und relativ wenige Maschinen – vielleicht 30 Leute, auch Schneider, die Kleidung für den Großhandel herstellten.

War Breslau, um das noch festzuhalten, von der Atmosphäre her eine deutsche Stadt?

Ganz und gar deutsch, ganz und gar. Überhaupt nichts Polnisches. Weiter südlich in Schlesien kam man in ein Gebiet, das gemischt war – zum Beispiel, was heute in der Zeitung Katowice heißt, das deutsche Kattowitz. Das war Oberschlesien, da lebte eine etwas gemischte Bevölkerung. Aber Breslau war ganz und gar deutsch – es gab dort keine Polen, und die Polen, die es gab, waren völlig germanisiert. Ich habe dort nie ein polnisches Wort gehört.

Lebte Ihre Familie schon seit mehreren Generationen in Breslau? Woher kamen Ihre Eltern?

Sie waren ein Teil der jüdischen Wanderungsbewegungen. Das heißt, mein Vater kam aus einer Provinzstadt, die damals zu Deutschland gehörte, aus Posen, dem heutigen Poznan. Eine kleinere Stadt, die wohl hauptsächlich von

Juden bewohnt war, aber er besuchte dort bereits das deutsche Gymnasium.

Ich glaube, es hat ihn tief gegrämt, daß er nicht auf die Universität gehen konnte, weil die Familie nicht genug Geld hatte. Deshalb lag ihm viel daran, diesen Ehrgeiz auf seinen Sohn zu übertragen; er hätte gern Medizin studiert, und so habe ich teilweise um seinetwillen zunächst auch Medizin belegt. Ich war ja der einzige Sohn, ihr einziges Kind; da übertrug er alles, was er nicht hatte erreichen können, auf mich.

War Ihr Vater ein Deutscher?

Oh ja, sehr – sehr preußisch. Er fühlte sich ganz als Deutscher und nichts anderes. Seine Eltern und Großeltern, von denen wir Bilder bei uns hängen hatten, deren Verlust mir sehr nahe geht, waren ebenfalls Deutsche. Allerdings noch etwas weiter im Osten. Auch die Eltern meiner Mutter waren Deutsche, aber sie hatten noch die Erinnerung, wie ihre eigenen Eltern in Polen lebten.

Hatte Breslau ein reiches Kulturleben, war es eine lebendige Stadt?

Ein lebendige Stadt? Gewiß. Es hatte ein reiches kulturelles Leben, das ich aber vor allem durch die gute jüdische Gesellschaft kannte. Damit meine ich: die Juden bildeten eine eigene, festgefügte Schicht des Bürgertums, wo es selbstverständlich war, daß man im Winter zu den sogenannten »Orchesterkonzerten« ging. Meine Mutter hatte dafür jeden Winter ein Abonnement, auch im Lobe-Theater, das gehörte sich so.

Ich selbst aber muß das Gefühl gehabt haben: ich will da heraus, sobald ich kann.

Warum?

Das... kann ich nicht wirklich zurückbringen. Mit meinen heutigen Worten würde ich sagen, es war mir zu bürgerlich; aber so hätte ich es damals nicht ausgedrückt. Sehen Sie, meine Mutter hatte ihr Kränzchen, einen Kreis von

Freundinnen, alle aus der gleichen Schicht, die jede Woche kamen. Viele von ihnen waren reicher als wir. Und dann meine Tanten – das war nicht meine *cup of tea*. Aber ich hätte es nicht »bürgerlich« genannt, weil ich gar nicht politisch gesinnt war.

»Bürgerlich« kann auch eine emotionale Bedeutung haben. War Ihnen diese Welt zu eng?

Ich habe das leise Gefühl, daß sie auch unter meinem Niveau war, unter meinem intellektuellen Niveau.

Wann haben Sie dieses Gefühl entwickelt?

Das muß sehr früh gewesen sein. Ich glaube, ich habe früh erkannt, daß das, was die Tanten redeten, Gewäsch war.

Und der Kreis Ihres Vaters?

Mein Vater hatte keinen Kreis. Er ging zunächst ganz in seiner Arbeit auf. Mit 50 Jahren gab er dann sein Geschäft auf; er hatte genug Geld und machte seitdem ehrenamtliche Sachen. Ich kann mich nur an einen einzigen Freund von ihm erinnern, einen Rechtsanwalt. Alle gesellschaftlichen Beziehungen liefen über meine Mutter.

Hatte er keine Zeit dafür?

Ich denke, daß er auch einen sehr hohen Grad von Sublimierung erreicht hatte, von Sublimierung in die Arbeit. Und als er sich aus dem Geschäft zurückzog, hatte er immer noch Häuser zu verwalten, außer seinen ehrenamtlichen Aufgaben. Die bedeuteten ihm sehr viel, und seine Familie natürlich – meine Mutter und ich.

Sie waren ein Einzelkind.

Ein Einzelkind, ja ... In letzter Zeit fällt mir gelegentlich die Ähnlichkeit auf zwischen der Art, wie ich selbst auf einem Stuhl sitze und einfach nachdenke, und wie ich meinen Vater sehe: dasitzend und nachdenkend. Daran erinnere ich mich sehr lebhaft, an dieses Bild, wie er einfach so dasaß. Als Kind muß ich manchmal gerätselt haben: Was tut er eigentlich? Als ich sehr klein war – ich konnte es wohl nicht verstehen.

Sah er zum Fenster hinaus?

Nein, er saß einfach da und dachte nach . . . Mag sein, daß er auch zum Fenster hinaussah, aber jedenfalls ist es nicht die Haltung, an die ich mich erinnere. Wie ich ihn erinnere, sitzt er auf dem Sofa und denkt über etwas nach oder ist darin versunken.

Er saß dann *so* da, den Zeigefinger an die Nase gelegt.

Wissen Sie, worüber er nachdachte?

Nein, vermutlich über seine Geschäfte – aber er hat nie viel über seine Geschäfte gesprochen. Sicher behielt er seine Finanzdinge ganz für sich. Das muß eine sehr starke Tradition gewesen sein.

Hat er Ihnen sonst etwas von dem gesagt, was ihn beschäftigte?

Etwas, woran ich mich erinnere, war ein sehr bemerkenswerter Versuch, mich »aufzuklären« – man kann sich das heute kaum mehr vorstellen. Er hielt es offenbar für seine Pflicht. Ich weiß noch, es war peinlich. Er tat es nicht gern, meinte aber, daß er es tun müßte. Irgendwie war er ein überaus pflichtbewußter Mensch.

War er einsam?

Ich glaube nicht, denn meine Eltern hatten eine sehr gute Ehe. Es war in gewisser Weise eine Ehe des altmodischen Typs – was man »harmonische Ungleichheit« genannt hat. Ein Inbild harmonischer Ungleichheit: er traf alle Entscheidungen, aber genau das erwartete sie von ihm. Meine Mutter war völlig unfähig, irgendwelche Geldsachen zu erledigen; sie brauchte es auch nie zu tun. Auf der anderen Seite war sie es, die alle gesellschaftlichen Aufgaben in die Hand nahm. Wenn ein Besuch zu machen war, mahnte sie zum Aufbruch und sagte: »Laß uns gehen.« Nein, ich glaube nicht, daß er einsam war.

Haben Sie Ihre Eltern je gefragt, warum Sie das einzige Kind waren?

Über solche Fragen wurde nicht geredet.

Und Sie waren nicht neugierig?

Man sprach nicht über sexuelle Dinge – außer jenem Versuch, mich aufzuklären.

Haben Sie nie bedauert, daß Sie keine Geschwister hatten?

Nicht, daß ich wüßte. Allerdings habe ich noch heute ein sehr starkes Gefühl, daß es für Kinder gut ist, wenn sie nicht so aufwachsen wie ich, und das muß bedeuten, daß ich mich nach Geschwistern gesehnt habe – wenn auch vielleicht unbewußt. Und natürlich waren da immer die Kinderfräuleins.

Also hatten Sie Gesellschaft. Erinnern Sie sich noch an sie?

Ja, aber es sind verschwommene Gestalten. Es gab auch eine ganze Reihe von ihnen. Als ich noch sehr klein war, eine Amme und dann ein Kinderfräulein, die sehr nett war. Die letzte muß gewesen sein, als ich 11 oder 12 Jahre alt war. Danach bekam ich eine sehr gebildete Dame, die selbst aus einer guten, aber verarmten Familie stammte.

Fühlten Sie sich, als Sie jung waren, als Teil eines größeren Ganzen?

Wir waren eine ziemlich große Familiengruppe, als ich ein Kind war: Mutter, Vater, Köchin, Kinderfräulein, ich. Das war die Gruppe, zu der ich gehörte. Und dann waren noch die Tanten da und die Großmutter – gewiß, die Eltern meiner Mutter gehörten auch dazu. Wir gingen fast jeden Tag zu ihnen, sie wohnten in der Nähe. Deshalb hatten wir unsere Wohnung in diesem Haus, damit meine Mutter ihre Eltern leichter besuchen konnte. Das also war die Gruppe, eine erweiterte Familie, ja.

Und fühlten Sie sich als Teil der jüdischen Gemeinde oder der Stadt als ganzer?

Das, entschuldigen Sie, unterstellt eine Bewußtseinsebene, die ich sicher nicht hatte. Vielleicht war es so, aber nicht auf dieser Bewußtseinsebene.

Natürlich gehörte ich zu Breslau, das war selbstverständlich. Und sonst? Das Land war ebenfalls selbstverständlich. Ich wußte, daß es den Kaiser gab, aber er war etwas sehr Blasses und Fernes... Man wußte natürlich, daß man ein Deutscher war und ein Jude. Ja, natürlich, man ging in die Synagoge, einmal im Jahr oder so, an den großen Festen. Also muß ich gewußt haben, daß ich ein Jude war, und ich wußte, daß ich ein Deutscher war. Aber das bewegte sich alles, soweit ich sehe, auf einer unreflektierten Ebene. Ich würde die Dinge verfälschen, wenn ich Ihre Frage bejahte.

Sie können sich daran erinnern, aber Sie können sich nicht erinnern, daß Sie darüber nachdachten.

Genau. So war eben die Welt, es wurde alles absolut selbstverständlich genommen. Erst viel später habe ich angefangen, Fragen zu stellen.

Als was haben Sie sich mehr gefühlt, als Jude oder als Deutscher?

Nehmen Sie es mir nicht übel, aber das ist eine völlig falsche Frage.

Warum?

Weil das überhaupt nicht miteinander konkurrierte. Ich war natürlich beides – wie man sagt: existentiell, auf eine ganz unreflektierte Weise.

Und Sie hatten nie das Gefühl, daß Sie das eine mehr seien als das andere?

Nein. Aber aus Ihrer Frage wird mir klar, wieviel expliziter das alles geworden ist gegenüber der Zeit, als ich jung war.

Haben Sie als Kind darüber nachgedacht?

Das bezweifle ich.

Haben Sie je darüber nachgedacht, daß es andere Menschen gab, die Deutsche waren und keine Juden, oder auch die Juden waren und keine Deutsche?

Natürlich wußte ich schon, als ich sehr klein war, daß die Hauswartskinder, mit denen ich spielte, ärmer waren und keine Juden. Aber so war eben die Welt. Es scheint mir, daß wir durch die Sozialwissenschaften viel eher geneigt sind, solche Dinge zu explizieren, als in der Zeit, wo es noch keine Sozialwissenschaften gab.

So hatten Sie nie die Vorstellung, daß Sie zu zwei Nationalitäten gehörten, oder dergleichen?

Nein, nein – überhaupt nicht. Es war keine Frage, daß man ein Deutscher war. Wie ich schon sagte, war mein Vater sehr preußisch. Er hatte denselben Schnurrbart wie der Kaiser, und er hatte die Bartbinde, die er umlegte, damit die Spitzen nach oben zeigten. Er war ein sehr guter Mensch, ganz ohne die falsche Härte, aber er verstand sich gewiß als Preuße und als Deutscher, und darum war es auch für mich selbstverständlich.

Fühlten sich die Juden in Breslau als Deutsche wie alle anderen, oder fühlten sie sich manchmal als bessere Deutsche?

Sie fühlten sich als Deutsche, und zwar, wie ich es heute sehe, ganz zweifellos und selbstverständlich. Aber sie hegten eine wirkliche Verachtung für Antisemiten. Das war ihr Abwehrmechanismus, daß diese Menschen nicht der Rede wert seien; so jedenfalls erinnere ich die Einstellung. Es war für sie keine Frage, ob sie Deutsche waren – sie *waren* Deutsche. Man stieß vielmehr diejenigen, die es ihnen streitig machten, in Gedanken zurück als unzivilisiert und nicht ernstzunehmen.

Gab es viele Menschen, die so über den Antisemitismus redeten?

Es wurde nicht viel über Antisemitismus geredet, aber man war sich seiner bewußt. Im Grunde bestand auch keine große Notwendigkeit, ihn zur Kenntnis zu nehmen, er war nicht sehr aufdringlich. Wenn aber etwas davon in der Zeitung kam, waren das einfach unzivilisierte, ungebildete Menschen.

Waren sie das tatsächlich?

Nein, keineswegs. Heute, von meiner Theorie her, denke ich, es muß eine besonders ärgerliche Eigenschaft der Juden gewesen sein, daß sie ihre eigene Minderwertigkeit nicht erkannten.

Wie meinen Sie das?

Nun, wenn jemand die Juden ganz fraglos als eine minderwertige Gruppe verachtet, ist es für ihn besonders ärgerlich, wenn diese Menschen anscheinend gar nicht wissen, daß sie minderwertig sind. Und so war es in der Tat. Man hatte kein solches Gefühl, sondern empfand im Gegenteil eine Verachtung für Leute, die sagten: Die Juden sind minderwertig.

Gab es auch den Fall, daß Juden sich nicht minderwertig, sondern geradezu überlegen fühlten?

Auch das mag es gegeben haben. Ich kann allerdings aus meiner Erinnerung nicht sagen: *wem* überlegen. Gewiß den Antisemiten, aber gewiß nicht dem Kaiser, der deutschen Beamtenschaft, die offensichtlich Menschen höheren Ranges waren.

Erinnern Sie sich an antisemitische Äußerungen, die gegen Sie persönlich gerichtet waren?

Ja, da war zum Beispiel ein Vorfall auf dem Gymnasium, als ich 15 oder 16 Jahre alt war. Wir sprachen in der Klasse über unsere Berufspläne. Ich sagte, ich wollte Professor werden, an der Universität, und ein Klassenkamerad warf ein: »*Die* Laufbahn ist dir bei der Geburt abgeschnitten worden.« Großes Gelächter, beim Lehrer und natürlich in der ganzen Klasse. Und eigentlich war es nicht einmal bösartig – es war eine sehr kluge Bemerkung. Sie hat mich darum so sehr verletzt, weil ich mir wahrscheinlich nie klar gemacht hatte, daß unter dem Kaiser eine solche Laufbahn für Juden praktisch verschlossen war.

Und dann... Ich habe eine vage Erinnerung, daß einige Gassenjungen, wie wir sie nannten, »Judenjunge, Judenjunge« hinter mir herriefen, als ich mit meinem Kinderfräulein ausging. Irgendetwas dieser Art, vielleicht im Alter von

5 oder 6 Jahren. Aber wir wußten, das waren nur Gassen-jungen.

Es gab keine jüdischen Fabrikarbeiter, jedenfalls nicht, soweit ich mich erinnere. Ich sehe die Juden als eine feste Mittelklassen-Gruppe – zusammen mit den armen Juden, den Einwanderern aus dem Osten, die Jiddisch sprachen; aber auch sie waren keine Fabrikarbeiter.

Waren die besser gestellten und gebildeteren Deutschen tatsächlich weniger antisemitisch?

Nein, nein, ich habe Ihnen nur die Sichtweise meiner Kindheit gegeben. Heute betrachte ich das als eine Selbst-täuschung, eine Illusion. Ich meine, der Antisemitismus der höheren Klassen wurde verdrängt. Wenn es geschah, daß jemand aus einer konservativen guten Familie antisemitische Bemerkungen machte, wurde das als eine Ausnahme abge-tan. Nehmen Sie den Kaiser, da gab es einen Juden, einen Bankier, der gelegentlich an den Hof geladen wurde. Daran konnte man sehen, daß der Kaiser nicht antisemitisch war.

Es war natürlich eine Art von Selbstschutz. Wenn die Ju-den sich bewußt gemacht hätten, in welchem Ausmaß die ganzen deutschen Mittel- und Oberklassen von Antisemi-tismus durchdrungen waren, hätte es ihnen viel von ihrer Sicherheit geraubt.

Sie setzten ihr Vertrauen in die Gebildeten, was ziemlich naiv war.

Im Kaiserreich war es nicht so sehr naiv; denn obwohl der Antisemitismus verbreitet war und sogar der Hofprediger Stoecker an der Spitze einer antisemitischen Partei stand, war Deutschland damals doch ein Rechtsstaat, was bedeu-tet: wenn ein Jude einen Konflikt mit einem Nicht-Juden hatte und vor Gericht ziehen mußte, konnte er darauf bauen, daß er sein Recht bekam. Und es war der Staat, in dem die Juden zu Wohlstand und Ansehen gelangten.

Aber es muß doch noch im kollektiven Gedächtnis gewe-sen sein, daß das alles eine sehr neue Entwicklung war?

Es war eine gerade Linie des sozialen Aufstiegs. Meinen Großeltern ging es wahrscheinlich besser als ihren Eltern, und meinen Eltern ging es besser als meinen Großeltern. Eine aufsteigende Linie. Was davor war, meine Urgroßeltern im Ghetto, lag in weiter Ferne.

Gab es keine Geschichten über Pogrome?

Das war das barbarische Rußland, in Deutschland kam so etwas nicht vor. In der Kaiserzeit – unmöglich!

Es ist ganz unglaublich, wenn man bedenkt, daß es vom Ende des 19. Jahrhunderts an eine steigende Welle des Antisemitismus gab. Aber das war die Haltung: So etwas kann in Deutschland nicht geschehen. Und es konnte auch nicht geschehen, unter dem Kaiser.

Sie fühlten sich sicher in Breslau?

Vollkommen sicher. Es klingt heute unglaublich, aber so war es. Die Juden müssen blind gewesen sein, aber sie wurden zum Teil dadurch geblendet, daß es ihnen gut ging.

Eine sichere Welt.

Es war genau wie im Ancien Régime: man konnte sich nicht vorstellen, daß die Welt je anders sein würde. Und ich erinnere mich auch, daß manche Menschen – wie im Ancien Régime – das Leben eigentlich ein bißchen langweilig fanden. Ich habe die dunkle Erinnerung, wie ein Schriftsteller 1910 oder 11 Selbstmord beging und Kommentare zu hören waren, daß das Leben für ihn zu fade geworden sei; es war langweilig. Das ergänzt, was ich über die Sicherheit gesagt habe: man konnte sich nicht vorstellen, daß je etwas Neues geschehen würde.

Heute, mit meinen besseren Kenntnissen, weiß ich, daß manche konservativen Führer von damals in großer Furcht waren, weil die Sozialdemokraten bei den Wahlen immer mehr Stimmen bekamen; sie waren sich also im klaren, daß die »rote Flut«, wie sie es nannten, näher rückte. Aber in der Welt, in der ich lebte... nein, ich habe nie das Grollen des herannahenden Unwetters gehört.

Bei mir veränderte sich die Welt erst durch den Krieg. Ich verstehe immer noch nicht ganz, wie ich mit dieser Situation fertig wurde: dem Wechsel von der völligen Sicherheit meiner Familie in die völlige Unsicherheit des Militärs. Plötzlich waren meine Eltern nicht mehr da.

Fühlten Sie sich so geborgen zu Hause?

Ja. Meine Erinnerungen sind natürlich trügerisch, aber soweit sie reichen, war es eine sichere Welt. Ich wußte, mein Vater und auch meine Mutter würden alles für mich tun. Wenn ich krank war – und das war ich sehr oft als Kind –, wurde ich auf jede Weise umsorgt; ich fühlte mich vollkommen behütet. Auf diese überaus große Sicherheit, die ich als Kind genossen habe, führe ich immer mein späteres Durchhaltevermögen zurück, als ich meine Bücher schrieb und niemand von ihnen Notiz nahm.

Vielleicht kann ich es so formulieren: Wie die Astronomen entdeckt haben, daß das ganze Universum voll ist von den Nachgeräuschen des Urknalls, so tragen die Menschen ein Hintergrundgefühl in bezug auf ihr Leben mit sich, das aus ihrer Frühzeit in der Familie stammt. Ich habe ein Hintergrundgefühl von großer Sicherheit, daß letzten Endes alles gutgehen wird, und das schreibe ich der enormen emotionalen Geborgenheit zu, die ich als Einzelkind in der Zuneigung meiner Eltern erlebte.

Ich wußte schon sehr früh, was ich wollte: ich wollte an die Universität, wollte lehren und forschen. Das wußte ich von klein auf, und darauf habe ich mit Beharrlichkeit hingearbeitet, auch wenn es manchmal unmöglich schien.

Und Sie wußten auch, daß Sie Erfolg haben würden?

Ja. Ich habe tatsächlich vor langer Zeit ein Gedicht darüber geschrieben. Es war ein Entweder-Oder: entweder werde ich großen Erfolg haben oder untergehen. Ich hatte natürlich keine absolute Gewißheit, aber doch ein starkes Vertrauen, daß mein Werk endlich Anerkennung finden würde, als ein guter Beitrag zum Wissen der Menschheit.

Wurde dieses Vertrauen nicht durch die vielen Krankheiten Ihrer Kindheit erschüttert?

Nein. Wenn ich krank war, drehte sich das ganze Familienleben um mich.

Aber hatten Sie denn keine Angst?

Ich sehe bis heute meine Mutter vor mir, wie sie besorgt an meinem Bett saß. Eigentlich kann ich mich an keine Todesangst erinnern, auch wenn sie dagewesen sein muß. Aber alles dies, Sexualität und Tod, wurde völlig hinter den Kulissen gehalten. Meine Eltern waren beide sehr gute Menschen, und ich wußte, ich konnte mich absolut auf sie verlassen – nicht mit solchen Worten, aber als ein Gefühl.

Haben Sie je bedauert, daß sich diese ganze Welt verändert hat?

Nein, niemals. Als ich älter wurde, wußte ich, daß ich in dieser Welt nicht leben konnte. Ich meine – wie soll ich es erklären: es war nicht meine Welt.

Der Krieg hat dann alles verändert. Als ich zurückkam, war es nicht mehr meine Welt.

Breslau war nicht mehr dasselbe.

Nein. Denn ich hatte mich auch selbst verändert. Ich veränderte mich während des Krieges.

An den Tag, an dem der Krieg ausbrach, erinnere ich mich noch sehr genau. Wir waren in Ferien in Scheveningen oder Ostende, eines von beiden, und dort, im August 1914, erreichten wir den letzten Zug, der uns nach Deutschland bringen konnte; er war überfüllt mit deutschen Familien, die aus den Niederlanden oder Belgien nach Hause drängten.

In diesem überfüllten Zug lernte ich einen Menschen kennen, an den ich mich nur noch sehr undeutlich erinnere – wir standen im Korridor, glaube ich, weil die Abteile voll waren. Mit ihm sprach ich über die letzte Nummer des *Sturm*, einer damaligen Avantgarde-Zeitschrift, die bereits Linoleum- oder Holzschnitte von Kokoschka und ähnlichen Künstlern druckte. Sie war auch irgendwie links, während ich selbst nicht engagiert links war; aber natürlich war ich an dieser Kunstbewegung interessiert und besonders an der expressionistischen Lyrik.

Wir hatten ein langes, intensives Gespräch. Weil ich so unpolitisch war, versuchte mir dieser Mensch einige Dinge aus der Zeitschrift zu erklären, und so flogen viele Stunden der Fahrt vorbei. Es wird Sie vielleicht enttäuschen, aber der Krieg als solcher beschäftigte mich nicht sehr. Ich ahnte nicht, daß er das Ende der Welt bedeuten würde, die ich kannte.

Man war völlig im Dunkeln: Es war Krieg, aber damit konnte man nichts verbinden, man hatte es vorher nicht erlebt. Ich finde es immer furchtbar, daß Menschen sich die Dinge im Nachhinein so zurechtlegen, als ob sie eine klare Vorstellung gehabt hätten. Ich jedenfalls hatte keine klare Vorstellung von dem, was dann kam, nicht die Spur. Ich war besorgt, und meine Eltern waren besorgt, weil ich rechtzeitig zu Schulbeginn zurücksein mußte. Darum war es das Allerwichtigste, daß wir den Zug nicht verpaßten.

Dieser überfüllte Zug war also mein erstes Kriegserlebnis. Andere mögen darüber geredet haben, daß jetzt geschossen wurde, daß es Verwundete gab – ich weiß es nicht. Schlachten, Kanonen, das war alles weit weg, ich kam aus einer völlig unmilitärischen Familie. Und tatsächlich ging ich dann wieder zur Schule.

Sie waren damals gerade 17 Jahre alt, aber hatten Sie eine Idee von den Ursachen des Krieges? Bedeutete es Ihnen etwas, daß Ihr eigenes Land, daß Deutschland Feinde hatte und angegriffen werden konnte?

Soweit ich mich erinnere, nein. Ich glaube nicht, daß es mich sonderlich interessiert hat.

Hatten Sie nicht das Gefühl eines »gerechten Kriegs« oder nationalistische Empfindungen?

Nun, ich haßte die Vorstellung des Kaisers, von früher Jugend an.

Warum?

Mir war der Gedanke zuwider, daß ich vor diesem Mann, für den ich keine große Hochachtung hatte, einen Kotau machen müßte, wenn er käme – das war das Bild, das ich hatte. Ich haßte die Vorstellung, daß da jemand war, der von mir Unterwürfigkeit verlangen konnte.

War das eine verbreitete Haltung oder etwas Persönliches?

Das kann ich nicht sagen. Allerdings ... meine Klassenkameraden müssen es auch gehabt haben, vor allem die Juden unter ihnen. Ich erinnere mich, daß unser Direktor auf die kaiserliche Jacht eingeladen wurde und daß wir alle den Bericht, den er davon gab, ziemlich lächerlich fanden. Nein – obwohl ein Deutscher zu sein, selbstverständlich war, identifizierten wir uns deshalb nicht mit dem Kaiser. Nicht im geringsten.

Eigentlich überraschend.

Es war bei mir ein starkes Gefühl, schon sehr früh; aber man fand etwas Ähnliches auch in der Literatur. In einem Science-fiction-Roman der damaligen Zeit, *Auf zwei Planeten* von Kurd Laßwitz, wird der Krieg zwischen den Bewohnern von Mars und Erde beschrieben. Die Marsmenschen hatten auf einem Luftschiff einen riesigen Magneten; und ich glaube, in einer der letzten Szenen des Buches, die mir noch lebhaft im Gedächtnis ist, hält der Kaiser eine große Parade ab, mit seinen sämtlichen Truppen, und in diesem Moment kommt der große Magnet der Marsmenschen, und alles Metall an den Soldaten fliegt in die Luft. Ich mochte dieses Bild – ich mochte die Vorstellung, daß der Kaiser lächerlich dastand.

Waren Sie denn nicht stolz auf Ihr Land?

Ich bin nie ein Patriot gewesen. Das hat man ja auch den Juden manches Mal zum Vorwurf gemacht, daß sie keine Patrioten waren. Mein Vater war es auf eine eigentümliche Weise, aber ich war ganz dagegen.

Ja, meiner Ansicht nach war das einer der Gründe des Antisemitismus. Das deutsche Bürgertum begrüßte einhellig den Krieg. Fast alle Jüngeren aus dem gehobenen jüdischen Bürgertum waren mehr oder weniger links oder zumindest liberal, während die große Mehrheit der deutschen Mittelklassen rechts war.

Aber Sie fühlten sich doch als Deutscher.

Oh ja, ganz und gar, aber die Kriegsbegeisterung teilte ich nicht. Für mich waren der Kaiser und dieser ganze Kreis immer schreckliche Menschen.

Die Opposition dagegen lag seinerzeit in der Luft. Bei mir hat sie keine politische Form angenommen, aber ich erinnere mich noch, wie 1913 die große Jahrhundertfeier des Sieges über Napoleon war. Breslau baute für diese Gelegenheit eine Festhalle, die »Jahrhunderthalle«, wo ein Festspiel von Gerhart Hauptmann aufgeführt wurde. Nun war Hauptmann ein bißchen links – überhaupt kein Revolutionär oder dergleichen –, und deshalb, weil er der Autor war, lehnte der Kaiser es ab, nach Breslau zu kommen und die Jahrhunderthalle einzuweihen. Ein großer Skandal, wir alle fanden die Geschichte lächerlich. So war das Klima schon ziemlich oppositionell. Bedenken Sie, das war ein Jahr vor dem Krieg. Der Kaiser galt allgemein als eine lächerliche Person.

Wenn Sie nie ein Patriot waren, welche Gefühle hatten Sie dann für Deutschland, ohne den Kaiser?

An diese Möglichkeit habe ich nie gedacht. Ein anderes Deutschland war unvorstellbar. Das bedeutete nicht, daß man damit einverstanden war.

Trotzdem liebte ich Deutschland sehr; ich lebte und webte in der deutschen Kultur. Das ist ein altes deutsches Problem und sehr schwer klarzumachen: daß man sich stark mit der deutschen Kulturtradition identifizieren kann – ich tue es heute noch –, ohne daß man deshalb ein, sagen wir nicht: Patriot, sagen wir: Nationalist ist.

Ich war nie ein Nationalist. Die Nationalisten in Deutschland waren natürlich Antisemiten – schon damals. Natürlich.

Aber durch diese Identifizierung mit der deutschen Kulturtradition konnten Sie doch auch stolz darauf sein, ein Deutscher zu sein.

In solche Worte kann ich es nicht fassen. Ich bin stolz darauf, daß ich in dieser Tradition stehe. Ich war sehr mit der deutschen Klassik identifiziert – Goethe, Schiller, Kant, das waren die großen Männer in meinem Leben. Mein erster veröffentlichter Aufsatz ist voller Anspielungen auf sie.

Waren Sie, um Ihre eigenen Begriffe zu verwenden, in Deutschland ein Etablierter oder ein Außenseiter?

Objektiv natürlich ein Außenseiter.

Und nach Ihrem eigenen Gefühl?

Ich war nie für den Krieg, nie für den Kaiser – ich war immer insgeheim gegen das alles. Wahrscheinlich habe ich nie darüber gesprochen, aber von meinem Gefühl her und ganz unreflektiert stand für mich fest: das ist nicht meine Welt, ich habe damit nichts zu schaffen. Dieses Gefühl war bei mir sehr stark. Man mag das die Außenseiterposition nennen, auch wenn ich es damals nicht so hätte ausdrücken können.

Andererseits lag in alledem auch etwas von Selbstschutz ... Das Komische an der Situation war ja, daß sich die jüdische Gesellschaft in besonderem Maße als Träger der deutschen Kultur verstand. Und es war auch in gewisser Weise wahr, daß sich ohne das jüdische Mäzenatentum die Orchesterkonzerte, das Lobe-Theater und all die anderen Theater nicht hätten halten können. Eine sehr merkwürdige Situation: politisch waren die Juden Außenseiter, und zugleich waren sie Träger des deutschen Kulturlebens.

Sie haben Deutschland geliebt. Gab es auch eine Zeit, in der Sie durch das Land gewandert sind, wie man es von der damaligen Jugend oft liest?

Ja, die deutsche Landschaft hat mir auch später noch viel bedeutet. Keiner der deutschen Dome, den ich nicht kannte – Bamberg zum Beispiel. Ich war mit all den Bauwerken vertraut, mit sämtlichen Stilen. Und tatsächlich gab es eine jüdische Jugendbewegung, die ganz auf diese deutschen Dinge ausgerichtet war.

Wir möchten auch einige Fragen über andere europäische Länder zur damaligen Zeit stellen. Was wußten und was hielten Sie zum Beispiel von England?

Aus Gründen, die mir unbekannt sind, hatte ich von früh an eine gefühlsmäßige Vorliebe für Frankreich und nicht für England. Schon auf der Schule abonnierte ich die *Revue Française* – eine Zeitschrift, ich glaube für deutsche Schüler –, um mein Französisch zu verbessern. Ich schrieb sogar einen Aufsatz dafür, in einem Wettbewerb, bei dem man eine Reise nach Frankreich gewinnen konnte; aber ich habe den Preis nicht bekommen.

England mochte ich nicht.

Und Rußland?

Nichts, absolut nichts. Der Zar und Kosaken – Barbaren. Der barbarische Osten – das gehörte alles nicht mehr zur zivilisierten Welt. »Polnische Juden« war beinahe ein Schimpfwort.

Polen war doch damals russisches Protektorat?

Mag sein, aber es bestand trotzdem. In Schlesien jedenfalls wuchs man mit dem stillschweigenden Vorurteil auf: die »Polacken« sind minderwertige Menschen.

Und Länder wie Rumänien oder Bulgarien?

Ebenfalls jenseits der zivilisierten Welt. Der Balkan war Orient, damals begann der Orient dort. Wir machen uns vielleicht nicht klar, daß sich die Reichweite dieses Begriffs verschoben hat: die Balkanfrage war die Orientfrage.

Fühlten Sie sich als Deutscher zum Westen gehörig?

So sagte man in meiner Jugend nicht. Damals hieß es

»Orient« und »Okzident«; im *Prozeß der Zivilisation* gebrauche ich noch das Wort »okzidental«.

Aber man hatte doch ein Gefühl von Westeuropa und Mitteleuropa?

Mitteleuropa sicherlich, aber das war Europa, das war der Okzident, Abendland. Und der Balkan war schon Morgenland, asiatisch, orientalisch und so weiter. Man wuchs natürlich mit einer Menge ethnischer Vorurteile auf, und eines davon lautete, daß der Orient eine Welt von geringerem kulturellem Wert sei – immer galt die Kultur als Hauptmaßstab.

Haben Sie etwas von den Gründen verstanden, warum Deutschland den Krieg mit anderen mittel- und westeuropäischen Ländern begann?

Zunächst einmal wurde uns, soweit ich sehe, nicht gesagt, daß Deutschland den Krieg begonnen habe. Uns wurde gesagt, daß Deutschland angegriffen worden sei.

Welches Land war nach Ihrem Gefühl der Hauptfeind?

... Ich habe keine Erinnerung – dachte wohl auch nicht in solchen kriegerischen Begriffen. Vielleicht täusche ich mich, aber ich habe keine Erinnerung an böse Gefühle gegenüber Feinden. Die Russen natürlich, das ist ganz klar, waren Barbaren, und wir wollten nicht, daß die Kosaken nach Breslau kämen.

Ich identifizierte mich nicht in einer militärischen Weise mit Deutschland; damit hatte ich nichts zu tun. Selbst als Soldat war ich nie ein Nationalist oder Patriot – ich ging in die Wurstmaschine, weil ich es mußte.

Erinnern Sie sich an Äußerungen von Kriegsbegeisterung 1914, um Sie herum?

Nein, ich war bei Kriegsausbruch noch in der Schule. Soweit mein Gedächtnis reicht, habe ich keine Begeisterung miterlebt. Ich weiß davon nur im Nachhinein, aus der Literatur.

Und dort liest man, daß die Begeisterung groß war und daß alle meinten, sie würden gewinnen.

Ja. Ich habe einmal in einem Vortrag aus dem Brief eines jungen Studenten zitiert, der sinngemäß schrieb: »Ihr könnt stolz sein, denn ihr werdet sagen können, daß ihr in einer so großen Zeit gelebt habt – kein Zweifel, wir werden siegen«, und so weiter; wenige Tage später war er tot. Es war eine schreckliche Geschichte, dieses Hinschlachten junger Menschen in den ersten Kriegstagen, und alles nur wegen einer völlig falschen Beurteilung der militärischen Lage durch den französischen wie den deutschen Generalstab.

Diese Generäle folgten auf beiden Seiten dem Diktat ihrer Mentalität. Franzosen wie Deutsche planten einen raschen Offensivsieg, und so prallten sie in den ersten Kriegstagen unter enormen Verlusten an Menschenleben aufeinander, bis dann die Front stecken blieb. Die Feuerkraft der Abwehrkanonen war so stark, daß sie einen Truppendurchbruch verhinderte. Ein Nicht-Militär wie H. G. Wells hatte es vorausgesehen, aber die Fachleute sahen es nicht.

Ich finde bis heute, daß man deutlicher sagen müßte, welche Fehlurteile die Generäle in ihrer Mentalität trafen. Männer wie Ludendorff oder Hindenburg führen ihr Volk; dann verlieren sie den Krieg, das Volk muß die Folgen tragen, und sie leben weiter, als ob es nicht ihre Schuld gewesen wäre. Hindenburg, Hitler, der Kaiser, sie machen alle die größten Fehler, die jeder klarblickende Mensch als solche erkennt, und das Schlimmste, was ihnen droht, ist der Selbstmord. Und das Volk bleibt im Schlamassel zurück. Das kann heute wieder geschehen.

Meinen Sie, daß solche Führer dumm sind, oder wollen Sie sagen, daß Sie sie hassen?

Nein, nein, ich will darauf hinweisen, daß sie dumm sind. Sie tragen professionelle Scheuklappen, und ich habe auch auf meinem eigenen Gebiet eine Abneigung und Geringschätzung für Menschen, die es zulassen, daß ihre Wünsche die Realitäten der Situation verdunkeln. Und diese Militärs wünschten, das lag ihnen im Blut, einen raschen Angriff;

entsprechend machten sie ihre Pläne, obwohl ihnen die Realität bereits hätte zeigen können, daß sie nicht gewinnen würden.

Aber Sie hassen sie nicht?

Es ist keine Frage des Hassens. Es ist eine Frage... Ich habe nun einmal das Gefühl, daß Menschen in meiner Position, wenn sie diese Tatsachen für alle vernehmbar aussprechen, viele Fehler der Gegenwart verhüten könnten.

Ein ehrgeiziges Ziel.

Oh, ich weiß wohl, daß ich es nicht erreicht habe. Aber ich sehe darin nicht nur ein Ziel für mich selbst, sondern bin überzeugt, daß dies die Aufgabe der Soziologie ist.

Natürlich ist heute die Lage ganz anders, weil die beiden Weltkriege mit derartigen Illusionen von einem schnellen Sieg gründlich aufgeräumt haben. Was man den Menschen klarer sagen muß, ist, daß Rußland und Amerika, entgegen den Wünschen ihrer Führer, in einen Atomkrieg getrieben werden können. Das heißt: Man muß die Zwänge aufdekken, denen sie ausgesetzt sind – was ich als »Doppelbinder« bezeichnet habe. Hier geht es nicht um rationale Entscheidungen: man kann genau angeben, daß die eine Seite fürchtet, in die Ecke gedrängt zu werden, und darum einen Atomkrieg beginnt, gegen ihren eigenen Willen.

Ich bin tatsächlich der Meinung – und das ist das »ehrgeizige Ziel«, von dem Sie eben gesprochen haben –, daß eine realistische Analyse zwischenstaatlicher Beziehungen die Wahrscheinlichkeit eines Atomkriegs verringern könnte. Nicht daß ich für mich selbst diesen Ehrgeiz hätte, dafür bin ich auch zu alt, aber es sollte getan werden. Es ist ein bißchen wie bei den Naturwissenschaften: Man kann nichts gegen das Einschlagen des Blitzes, gegen die Pest unternehmen, wenn man die Ursache nicht kennt; aber wenn man sie kennt, kann man beides verhüten.

Das war für Sie immer ein zentrales Thema.

Ein ganz zentrales Thema. Schon lange.

Wir würden jetzt gern etwas über Ihre persönlichen Kriegser-
lebnisse erfahren. Sie waren 18 Jahre alt, als Sie zum Militär
gingen. Erinnern Sie sich noch daran? War es ein Schock?

Ja, wie soll ich sagen... Kennen Sie diese Jahrmarktsbu-
den, wo man eintritt, und dann wird man hierhin gestoßen
und dorthin gestoßen und weiß nicht, wohin man geht, weil
man immerzu gestoßen wird? Wissen Sie, was ich meine?
Nun, dieses Gefühl hatte man, wenn man Soldat wurde.
Man wurde hineingestoßen, sie sagten, tu dies und tu das,
und man tat es, weil man keine Wahl hatte.

Erinnern Sie sich noch, wie es anfing?

Damit, daß ich stundenlang exerzieren mußte, um den
Paradeschritt zu lernen und die Griffe am Karabiner.

Weil meine Familie dachte, daß es weniger gefährlich sei,
meldete ich mich freiwillig bei einer Funkereinheit, wo man
eine Spezialausbildung im Legen von Telephonleitungen bekam; ich lernte auch, an Telephonmasten hochzuklettern,
mit Steigeisen, und ich lernte morsen.

Die Ausbildung war in Breslau, dort war die Einheit sta-
tioniert. Ich glaube, daß ich diesem Training meine Gesundheit verdanke, weil ich wirklich sehr kräftig werden mußte,
um die langen Märsche mit dem schweren Tornister durch-
zuhalten. Manchmal hatte man noch zusätzlich eine Rolle
Draht auf dem Rücken.

Und danach mußten Sie an die Front?

Nein, zuerst war ich in der Etappe in Rußland, wo ich
etwa sechs Monate blieb. Oder vielmehr, es muß das be-
setzte Polen gewesen sein. Von dort wurde ich dann an die
Westfront verlegt, in einer langen Eisenbahnfahrt.

Ein Vorfall haftet mir noch im Gedächtnis. Es war am Tag,
bevor wir abziehen mußten. Ich kam spät zurück, von einer
kleinen Feier bei einer Familie, die ich in der Stadt kennen-
gelernt hatte. In unserem Zimmer waren drei Betten, und
weil ich am Anfang schnell gewesen war, hatte ich das beste
von ihnen. Als ich nun sehr spät nach Hause kam, vielleicht

mit etwas Wein im Bauch, fand ich, daß sich ein Kamerad in mein Bett gelegt hatte – das er schon immer hatte haben wollen. Ich war wütend und fuhr ihn an: »Los, verschwinde, ich werde nicht in deinem Bett schlafen!« Bis dahin hatten wir uns gut miteinander vertragen, aber in diesem Moment war ich wirklich sehr zornig und begann, an dem Bett zu rütteln, um ihn hinauszuwerfen. Nun wurde auch er wütend, und in dieser Situation – das war sehr charakteristisch – fing er an, mich zu beschimpfen: »Judenjunge, Judensau, geh weg!« Also ganz plötzlich, vorher war so etwas nie geschehen, kam es heraus. Der dritte Zimmergenosse mußte uns voneinander trennen.

Und am nächsten Tag war die Eisenbahnfahrt.

Ja, ich sehe das Bild noch genau vor mir, wie wir irgendwo ankamen ... Da wir all die schweren Drahtrollen, die Morseapparate, die ganze Ausrüstung bei uns hatten, wurden wir mit einem Wagen – einem Kraftwagen oder Pferdewagen, ich weiß es nicht mehr – in die Nähe der Front gebracht. Einer sang. Und dann sahen wir, noch weit in der Ferne, einen Lichtstreifen. Es war das Trommelfeuer von einer der Schlachten im Westen.

Das ist das Bild, das ich meine: im Wagen sitzend und Lieder singend, und in der Ferne konnte man das Feuer der Kanonen sehen und ihr Grollen hören – ein ständiges Donnergrollen, das man natürlich nicht als Geschützdonner erkannte. Und so kam man näher und näher an die Front, an diesen Streifen von Donner und Licht.

Wo war das ungefähr?

Undeutliche Namen klingen mir im Ohr, Peron oder so ähnlich? Ja, Péronne, in Nordfrankreich.

Wir waren eine Funkergruppe, ein Unteroffizier und acht Mann, alles Spezialisten, die hier und dort eingesetzt werden konnten. Und als ich so mit meinen Kameraden auf dem Wagen durch die Nacht fuhr, auf die unablässigen Lichtblitze und das Trommelfeuer zu, spielte neben mir einer

Mundharmonika – wahrscheinlich war es doch ein Pferde-wagen. Dann kamen wir hinter die Front, und dort lagen Massen von toten Pferden. Und tote Menschen. Diese ganze Szene also, die Leichen, das Trommelfeuer, die Lichtblitze, der Klang der Mundharmonika zu den langsamen, wehmü-tigen Melodien und der sentimentale Gesang der Männer – diese Szene steht mir sehr lebhaft im Gedächtnis.

Wissen Sie noch, welche Lieder das waren?

Nun, es war immer das übliche Repertoire, die Deutschen haben sehr viele wehmütige Lieder, die vom Tod handeln. Eines von ihnen ging zum Beispiel so [singend]:

> *Morgenrot, Morgenrot*
> *leuchtet mir zum frühen Tod.*
> *Bald wird die Trompete blasen,*
> *dann muß ich mein Leben lassen,*
> *Morgenrot* – und so weiter.

Es gibt eine Menge deutsche Lieder dieser Art.

Eine Art Liebeslieder an den Tod.

Ja, es ist unglaublich. Ich habe auch einmal etwas darüber geschrieben, über diese starke Vorahnung des Todes in deut-schen Liedern – als ob sie wüßten, daß sie immer verlieren würden:

> *Ich hatt einen Kameraden,*
> *einen bessern findst du nicht.*
> *Und er starb an meiner Seite ...*

Das ist sehr deutsch, *sehr* deutsch. Kein anderes Land, außer vielleicht den Polen, hat ein solches verdüstertes Selbstge-fühl. Die polnische Nationalhymne beginnt mit den un-glaublichen Worten: »Noch ist Polen nicht verloren«. Deutschland und Polen hatten ein sehr ähnliches Schicksal: in der Mitte, umgeben von stärkeren Nachbarn.

Sie sahen dort zum ersten Mal in Ihrem Leben Tote?

Ja – das ist richtig. Das ist ganz richtig.

Erinnern Sie sich noch an andere Orte an der Front, wo Sie waren? Bapaume etwa, in der Nähe von Péronne?

Ja, der Name erscheint mir vertraut, dieselbe Gegend. Aber für mich sind das nur vage, grausige Erinnerungen. Vielleicht ist mir allerdings das Schlimmste erspart geblieben, weil wir immer eine kleine Gruppe waren, mit einem festen Zusammenhalt; ich muß bei weitem der Jüngste gewesen sein. Cambrai gehört auch zu diesen Namen; es liegt an der Somme, nicht wahr? Wahrscheinlich gingen wir von Péronne zur Front... Überall zerschossene Häuser.

Ich glaube nicht, daß ich länger als ein Jahr an der Front war.

Sie haben beschrieben, wie Sie dort hinkamen, aber erinnern Sie sich auch, wie es dort war?

Ja, ein wenig, aber ich muß damals wohl irgendwann einen Schock erlitten haben.

Ich erinnere mich noch an den Unterstand, man lebte natürlich unter der Erde. Es waren nicht nur Schützengräben, sondern auch richtige unterirdische Behausungen – wie die Maulwürfe. Ich sehe noch die Holzstufen vor mir, die hinunterführten, und dann kamen zwei Räume, tief unter der Erde. Bei einem Nahtreffer rollten Erdklumpen die Treppe herab, der ganze Unterstand wurde erschüttert, und wer draußen war, wurde getötet oder verwundet.

Ich glaube nicht, daß ich je in den vordersten Schützengräben war, denn unsere Aufgabe war es ja, die Leitungen, die Telephon- und Telegraphenleitungen zwischen den Gräben und dem Hauptquartier instandzuhalten. So wurden wir immer hinausgeschickt, um die Drähte zu reparieren, die andauernd beschossen wurden, und manchmal, bei Trommelfeuer, suchte man einfach Deckung in einem Granattrichter und wartete, bis es vorbei war. Die Drähte waren manchmal kaum zu reparieren, weil sie gleich wieder getroffen wurden. Ich erinnere mich auch, wie ein Kamerad neben mir verwundet wurde und wir ihn zurückbringen mußten, aber wirklich in die vorderste Linie bin ich nie gekommen, soweit ich weiß.

Aber Sie haben dort eine Art Schock erlebt.

Ja, bei einem dieser Reparaturgänge... [langes Schweigen] Ich weiß es nicht mehr, ich habe es wirklich vergessen.

War Ihre Arbeit sehr gefährlich, das Reparieren?

Man konnte getroffen werden, ja. Einmal wurde auch einer von uns getroffen.

Erinnern Sie sich, daß Kameraden aus Ihrer Gruppe fielen?

Nein, das nicht. Allerdings, man sah... aber dafür, glaube ich, müßte ich in Analyse gehen.

Es gibt ein anderes Erlebnis, an das ich mich sehr gut erinnere. Ein Schulfreund von mir – ich weiß noch seinen Namen: Franz Maier –, der früher als ich Soldat geworden sein muß, war aus dem Heer entlassen worden; ich war damals wohl noch in der Schule. Als ich ihn besuchen ging, saß er nur da und sagte kein Wort. Ich verstand absolut nichts, verstand nicht, was mit ihm geschehen war. Offenbar war ich damals noch sehr unschuldig und hatte keine Vorstellung davon, wie es an der Front aussah – ich fragte ihn, und er saß da im Garten seiner reichen Eltern und schwieg. Ich konnte nicht verstehen, warum er nicht redete.

So schlimm also war es bei mir nie. Wahrscheinlich hatte ich einen Schock, aber... mehr kann ich dazu im Augenblick nicht herausbringen.

Die Fahrt an die Front steht mir klar vor Augen, die toten Pferde, einige tote Soldaten und der Unterstand... Und ich habe irgendwie das Gefühl eines schweren Schocks, aber dann versagt mein Gedächtnis. Ich weiß nicht einmal mehr, wie ich zurückkam.

Vielleicht sollte ich es nicht aussprechen, aber diese Fahrt durch die Nacht an die Front, die Annäherung an das Trommelfeuer und die Lieder, *Morgenrot* oder was immer es war, hatte auch etwas sehr Schönes. Die Front selbst war dann schrecklich. Schrecklich.

Was das Kriegsende betrifft, kann ich mich nur erinnern, daß ich wieder in Breslau war; von der Rückkehr selbst weiß ich nichts mehr. Das Wiedersehen mit der Stadt, mit meinen Eltern ist alles entschwunden. Jedenfalls aber muß ich mich sofort als Medizinstudent immatrikuliert haben, noch in Uniform; denn dadurch kam ich in eine Sanitäterkolonne – von der ich auch in den Soldatenrat geschickt wurde. Offenbar war das Heer noch nicht aufgelöst.

Es blieben ja damals in Deutschland zwei Organisationen intakt: das Offizierskorps und die Sozialdemokratische Partei, einschließlich der Gewerkschaften. Vielleicht müßte man noch die katholische Kirche hinzufügen.

Haben Sie in Erinnerung, inwiefern sich die Stadt, die Sie verlassen hatten, von der unterschied, die Sie wiederfanden?

Verglichen mit allem, was ich aus Büchern weiß, ist meine Erinnerung vollkommen tot. Als einziges Bild ist mir die Szene geblieben, wie ich in Uniform bei Operationen anwesend war; und ich sehe den Chirurgen, eine Koryphäe seines Faches, wie er umringt von seinen Assistenten, darunter ganz am Ende auch ich, Arme und Beine von Soldaten amputierte. Das war in Breslau.

Die Häuser standen noch, aber die Welt war verändert.

Ja, der Bruch war enorm. Aber das ist eine Rekonstruktion. Jetzt, da Sie mich zwingen, darüber nachzudenken, bin ich selbst überrascht, daß mir so viele Dinge aus der Schule, meine Kinderfräuleins und so weiter noch lebhaft im Gedächtnis sind, während ich sogar das Wenige, was ich Ihnen eben gesagt habe, sehr langsam hervorgraben mußte. Auch meine Immatrikulation 1918 war verschüttet. So war vielleicht der Krieg doch ein sehr viel stärkerer Schock, als ich . . . Wie auch immer, ich wußte nicht einmal mehr, wann ich mein Studium begonnen habe, ich mußte es rekonstruieren. Nun allerdings bin ich ganz sicher – Goldstein war der Name des Chirurgen, der die Amputationen durchführte.

Ich erinnere mich, daß meine Eltern eine besonders elegante Uniform für mich hatten schneidern lassen, eine bessere, als man sie offiziell bekam. Irgendwo gab es ein Photo von meinen Eltern und mir in Uniform – ich sah darin unglaublich jung aus, jünger noch, als ich war. Aus der Uniform blickte ein Kindergesicht.

Können Sie etwas mehr über den Unterschied zwischen Deutschland 1914 und 1919 sagen? Was hatte sich verändert?

...Ihre Frage macht mich darauf aufmerksam, daß die zentrale Rolle, die der Wandel in meinem Denken spielt, mit dieser Erfahrung zusammenhängen könnte. Andererseits aber kann ich heute rekonstruieren, daß sich für mich persönlich nicht alles verändert hatte; denn meine Eltern waren noch da, ihr Vermögen, ihr Besitz war noch da. Die Inflation rückte näher, aber 1919 spürte man noch nicht ihre vollen Auswirkungen; meine Eltern hatten immer zu essen, und sie hatten die Häuser. Ich meine, es gab wohl eine tiefe Veränderung, aber worin sie genau bestand... Nun, vor allem gewann die Politik, der Parteienstreit, ein viel größeres Gewicht als zuvor.

Die Schwierigkeit ist, daß ich mich nicht mehr daran erinnern kann, wie ich zum Beispiel auf die Ermordung von Rathenau oder Erzberger, auf all den politischen Aufruhr um mich herum reagierte. Es ist wirklich so, als sei da ein Vorhang zugezogen. Ich habe mein eigenes Gefühl von damals vergessen. Ja, es ist merkwürdig... mein eigenes Gefühl von damals ist ein weißer Fleck.

Schon das Wort »Politik« nimmt das Leben aus der Erfahrung. Es waren solche Dinge wie, daß Ebert und Scheidemann die Führer des Deutschen Reiches wurden. Und die Sozialdemokraten, die wahrscheinlich auch in den Kreisen meiner Eltern als Außenseiter gelinde verachtet wurden, waren nun auf einmal die wichtigste Partei.

Aber hatten Sie nicht das Gefühl, daß es nun, mit der

Weimarer Republik, eher Ihr Deutschland war, das zur Macht kam?

Jetzt habe ich es natürlich, aber ob ich es damals hatte, weiß ich nicht. Jetzt habe ich das Gefühl sehr stark, daß die Weimarer Republik wirklich eine gute Zeit war, vor allem kulturell eine großartige Zeit.

Und der Kaiser war weg.

War verschwunden, ja, und darüber war man natürlich froh. Daß diese ganze Clique abtrat.

Herrschte nach dem Krieg nicht irgendwie eine Stimmung des »Wir haben verloren«? Darum geht es doch schließlich in einem Krieg: man gewinnt ihn oder verliert ihn – der Ausgang ist das Entscheidende.

Was mir spontan dazu einfällt, ist: daß das Gefühl, verloren zu haben, aufgewogen wurde durch den Vorteil, daß der Kaiser weg war. Das war ein großer Fortschritt.

Hatten Sie je das Empfinden, eine persönliche Niederlage erlitten zu haben, oder war es für Sie nur die Niederlage des Kaisers?

Das kann ich nicht sagen, aber ein Jude der Mittelklassen mußte in dieser Hinsicht wohl anders empfinden als ein Nicht-Jude. Die nicht-jüdischen deutschen Mittelklassen waren überaus verbittert, auch die jungen Leute. Von mir dagegen weiß ich zumindest das Eine genau, daß ich in keiner Weise verbittert war. Ich war erleichtert – aber das entsprach der eigenartigen Situation eines Juden in Deutschland.

Weil es nie Ihr Krieg war.

Nein, es war nie mein Krieg. Nie. Es war immer etwas, wozu ich gezwungen wurde; und seltsamerweise scheint es mir so, daß dieses Gefühl auch in der Funkergruppe, zu der ich gehörte, vorherrschend war. Sie kamen alle, soweit ich mich erinnere, aus den Arbeiterklassen.

Ja, ich kann es nicht besser ausdrücken als in Form einer Balance oder Bilanz: Unter dem Strich war es wichtiger, daß ein neues Deutschland gekommen war, als daß das alte Deutschland verloren hatte.

Ich studierte also in Breslau, und zwar Medizin und Philosophie; das muß damals möglich gewesen sein. Zweimal habe ich mein Studium dort unterbrochen, um für je ein Semester nach Heidelberg und Freiburg zu gehen.

Die Medizin wählte ich vor allem darum, weil es der Wunsch meines Vaters war, aber ich fand sie auch selbst sehr interessant. Meine Neigung zur Philosophie war schon auf der Schule geweckt worden.

Ich weiß heute noch nicht, wie ich die doppelte Belastung bewältigt habe. Denn in der Tat arbeitete ich mich in die ganzen Fächer ein, Anatomie, Physiologie, Physik, Chemie und so weiter, weil sie im Physikum verlangt wurden. Ich muß also hart gearbeitet haben; und es klingt merkwürdig, aber ich denke, daß mir die Ausbildung zum Soldaten dabei geholfen hat. Damals stand ich ja tage- und monatelang unter Druck: mit dem Tornister marschieren, auf dem Paradeplatz exerzieren, Schuhe putzen, Habacht-Stellung einnehmen – es gab einen permanenten Druck, dies oder jenes zu tun. So muß ich, als ich Medizin studierte, bereits gelernt haben, selbständig und hart zu arbeiten.

Ich habe sehr lebhafte Erinnerungen an meine Anatomie- und Physiologie-Vorlesungen. Aber gleichzeitig studierte ich auch bei einem vielbewunderten und verehrten Philosophie-Lehrer, Hönigswald.

Die Philosophie war mehr Ihre eigene Wahl?

Nicht unbedingt – ich entwickelte doch auch ein starkes Interesse an der Medizin. Meine Zweifel setzten erst in den klinischen Semestern ein. Allmählich wurde es immer unmöglicher, die beiden Studien nebeneinander zu betreiben. Man mußte zum Beispiel in die Ohrenklinik gehen, und in der Frauenklinik hatte man sechs Geburten zu machen – die ich auch machte –, um den »Frauenschein« zu bekommen.

An meine zweite Geburt erinnere ich mich noch sehr gut: es war ein katholisches Mädchen, unverheiratet, und das Kind kam heraus wie aus der Kanone geschossen. Ein kerngesundes Baby, und wir scherzten darüber, daß man wohl unverheiratet sein müsse, um so gesunde Kinder zur Welt zu bringen.

Wo wohnten Sie während des Studiums?

Bei meinen Eltern. Das war damals viel mehr die Regel als heute – auch daß meine Eltern mein ganzes Studium bezahlten.

Und warum gingen Sie nach Heidelberg und Freiburg? Waren dort besonders berühmte Professoren?

Nun, zu meiner Zeit war es in Deutschland noch üblich, daß man an verschiedenen Universitäten studierte, und ich halte das auch für eine ausgezeichnete Einrichtung.

Dann passierten mir einige schreckliche Dinge, weil ich wirklich nicht mehr genug für die Medizin lernte. Einmal wurde ich im Hörsaal der Ohrenklinik aufgerufen, um ein paar Fragen zu beantworten, und gab ganz lächerliche Antworten, weil ich von Tuten und Blasen keine Ahnung hatte. So beschloß ich allmählich, damit aufzuhören; und ich sagte mir auch, daß ich ja doch nicht wirklich Arzt werden wollte. Ich wollte Philosoph werden.

Hatte das Medizinstudium einen Einfluß auf Ihr Denken?

Oh ja, einen sehr großen Einfluß. Sehen Sie, Soziologen, die keine Medizin studiert haben, reden oft über Gesellschaft, ohne sie mit den biologischen Aspekten der Menschen zu verknüpfen. Und das, glaube ich, ist falsch. Soziologen haben gegenüber der Biologie eine defensive Haltung, weil sie fürchten, daß sich sonst die Soziologie in Biologie auflöst. Meiner Ansicht nach kann man aber keine Theorie, sagen wir, des menschlichen Handelns aufstellen, ohne zu wissen, wie der Organismus gebaut ist und arbeitet. Sogar wenn man philosophische Erkenntnistheorien entwirft und nichts über Gehirnstrukturen weiß, ist daran etwas verkehrt. Ich selbst habe gelegentlich in meine Soziologievorlesungen ein Gehirnmodell mitgebracht, um den Studenten zu zeigen, wie die Menschen gebaut sind – weil sie nur dann verstehen können, wie Gesellschaften funktionieren. Damit reduziere ich die Soziologie nicht auf Biologie.

Wann haben Sie Ihr Philosophiestudium abgeschlossen?

Das muß ungefähr 1923/24 gewesen sein. Ich befand mich damals in einer schwierigen Lage, weil das Vermögen meiner Eltern durch die Inflation zusammengeschmolzen war und ich für ihren Unterhalt sorgen mußte; also ging ich, nachdem ich meinen Doktor hatte, ins Berufsleben, in die Wirtschaft. Sie hatten nämlich Häuser mit fixen Mieten, so daß sie, als die Mark ihren Wert verlor, weiter denselben Nominalbetrag einnahmen, und das bedeutete, daß sie nichts mehr zu essen hatten. Da hörte ich zufällig von einem Fabrikbesitzer, der sich einen Akademiker als Vertrauensmann heranziehen wollte; er steckte voller Ideen und wollte einen Akademiker haben. Das war in Breslau.

Was für eine Fabrik war das?

Eine Eisenwarenfabrik, Eisenöfen. Mein Spezialbereich waren Rohre. Es gab da Rohre von sehr unterschiedlichen Abmessungen, kleine Rohre, große Rohre, und ich mußte alle die Maße lernen, in denen wir sie produzierten.

Das ging ungefähr zwei Jahre, ich bin nicht ganz sicher; jedenfalls aber war es auch eine großartige Erfahrung. Mein Chef schickte mich durch alle Abteilungen. Ich mußte einen Monat lang mit dem Werkmeister Löhne berechnen, einen anderen Monat neben den Leuten an den Maschinen stehen, mußte das Warenlager kennenlernen, die Ofengießerei, und außerdem war ich jeden Morgen bei der Besprechung, wo er seine Abteilungsleiter versammelte und seine Anweisungen gab.

Man wird kaum viele andere Philosophen finden, die in einer Eisenfabrik gearbeitet haben.

Ja, ich weiß wirklich nicht, wie ich das alles geschafft habe. Denn zugleich mußte ich mich, nach dem Rigorosum, noch längere Zeit mit meinem Doktorvater herumstreiten, weil ich ihn angegriffen hatte und er meine Dissertation nicht akzeptieren wollte. Aber das ist eine andere Geschichte.

Meine Hauptfächer bei der Prüfung, um das noch zu vervollständigen, waren Philosophie und Psychologie gewesen, meine Nebenfächer Chemie und Kunstgeschichte. Danach ging ich in die Fabrik.

Hat Sie dieser Wechsel ins Berufsleben nicht zeitweise unglücklich gemacht?

Vielleicht ist mein Gedächtnis ja selektiv, aber soweit ich mich erinnere, fand ich die Arbeit höchst interessant; für einen künftigen Soziologen waren das ungeheuer wertvolle Erfahrungen.

Auf eine praktische Weise lernte ich dort viel über Ökonomie. Meine Sicht des Kapitalismus ist sehr durch diesen Fabrikbesitzer beeinflußt worden, der ein guter, anständiger Mensch war. Bei ihm sah ich zum ersten Mal ein Tweed-Jackett, und danach war es jahrelang mein heißer Wunsch, ein eigenes Tweed-Jackett zu haben. Immer eine Zigarette im Mundwinkel... Er hatte die Tochter des früheren Fabrikbesitzers geheiratet und war sehr tüchtig. Als ich ihn einmal fragte: »Sagen Sie, Herr Meerländer« – so hieß er –, »warum machen Sie das eigentlich? Sie sind ein reicher Mann, und trotzdem sitzen Sie hier, acht Stunden am Tag«, da nahm er seine Zigarette aus dem Mund, lächelte und sagte: »Wissen Sie, das ist Jagd. *Jagd*. Ich *muß* diesen Auftrag bekommen, und die anderen dürfen ihn nicht bekommen; ich muß wachsen, und Sie werden sehen: wir *werden* wachsen.« Und so geschah es auch, aber da war ich nicht mehr bei ihm.

Waren Sie nützlich für ihn?

Nicht wirklich – nein, ich glaube nicht. Nun ja, ich baute

den Export ein wenig auf, wir bekamen jetzt Aufträge für Ventilationsklappen. Das war eine Spezialität von uns, da gab es Exportmöglichkeiten, mit Konkurrenz in Schweden, die einen ähnlichen Artikel anbot. Und so mußte ich mit den Schweden um Aufträge kämpfen. Ich habe auch Vertreter in Rumänien angeheuert. Das lief über Briefe: Jemand fragte an, ob er die Vertretung für unsere Ventilationsklappen haben könne, dann forderte ich ihn auf, uns einige vorläufige Aufträge hereinzubringen, und so weiter.

Sie erzählen das so, als ob es Ihnen Spaß gemacht hätte.

Ja, es war eine schöne Erfahrung. Ich erinnere mich auch noch, wie ich einmal vom Werkmeister eingeladen wurde. Nie hatte ich so engen Kontakt mit den Arbeiterklassen wie dort.

Konnten Sie das Jagdfieber mitempfinden?

Kaum. Ich denke, die Antwort meines Chefs war die beste, die ich je bekommen habe. Denn es ist Unsinn, daß sie reich werden wollen – sie *sind* reich. Im Grunde geht es ihnen um die Erregung des Machtkampfes.

Und Sie wurden davon nie erfaßt?

Nein, kein bißchen. Sehen Sie, er hatte etwas von einem Spieler, das ist dasselbe Gefühl. Ich aber bin kein Spieler, ganz im Gegenteil.

Haben Sie nicht ebenfalls eine Art Jagdrevier, wenn auch ein anderes?

Die Jagd nach Entdeckungen, ja – aber das ist kein Machtkampf, weil es sich dabei um eine objektive Leistung handelt. Um den nachweisbaren Prozeß.

Aber ein Element des Kampfes, des Andere-Besiegenwollens spielt dabei doch auch mit?

Gewiß, aber das kam bei mir sehr spät. Ich habe nicht einmal polemisiert, das mache ich erst jetzt. Ich wollte wirklich zeigen, wie es war.

Warum haben Sie die Fabrik verlassen?

Weil meine Eltern wieder von ihrem eigenen Einkommen leben konnten. Nach der Inflation und der Einführung der neuen Reichsmark war mein Vater wieder gut gestellt, und da beschloß ich sofort, an die Universität zurückzukehren.

In dieser Zeit schrieb ich auch eine Reihe von Nacherzählungen griechischer Anekdoten, die ich verkaufen konnte; ich war sehr angetan von dem spezifischen Humor der Griechen, der alten Griechen, und habe ja immer viel gelesen. Einige dieser Anekdoten schickte ich bei der *Berliner Illustrierten* ein, die sie akzeptierte. »Hurra«, dachte ich mir, »ich kann meinen Lebensunterhalt als Journalist verdienen, ich gehe nach Heidelberg.« Und zu meinem Vater sagte ich: »Ich schreibe einfach weiter solche Sachen und verkaufe sie an die *Berliner Illustrierte* – schau her, ich bin ein freier Mann.« Und er antwortete: »Gut, wenn du diese sehr vielversprechende Stelle als Geschäftsmann aufgeben mußt, dann tu's.« Er war wirklich sehr tolerant.

So ging ich nach Heidelberg. Natürlich habe ich nie mehr etwas bei der *Berliner Illustrierten* untergebracht, aber jedenfalls war ich in Heidelberg. Dort war ich glücklich, gab Privatstunden in Englisch, glaube ich, und dann habe ich wohl meinem Vater geschrieben, daß meine journalistischen Bemühungen nicht allzu erfolgreich seien, und er wird mir eine kleine monatliche Unterstützung gezahlt haben.

Wann war das, der Wegzug aus Breslau?

Das muß 1925/26 gewesen sein. Ich war ja schon früher in Heidelberg gewesen, noch als Student. Aber nun hatte ich meinen Doktor, in Philosophie und Psychologie.

Ich denke, daß meine Erfahrungen im Krieg, aber auch im Geschäftsleben, meinen Realitätssinn verstärkt hatten. In meiner Dissertation von 1923 versuchte ich deutlich zu machen, daß ich nicht mehr an das Apriori glaubte; aber mein Doktorvater zwang mich, eine Vorbehaltsklausel einzufügen, daß nämlich die »Geltung« ewig sei und außerhalb des Stroms der Geschichte stehe. Ich wußte schon damals, daß das nicht stimmte.

Nun wechselte ich zur Soziologie über, und in Heidelberg kam ich nur noch mit den Soziologen in Kontakt und nicht mehr mit den Philosophen. Ich schloß mich eng an Mannheim an, der nicht viel älter war als ich; wir mochten einander wirklich gern und wurden gute Freunde. Mannheim war ohne Frage brillant und damals auf seinem Höhepunkt; so zog er immer mehr Studenten an sich, weg von den Älteren wie Alfred Weber. Es bestand eine starke Spannung zwischen den beiden, auch wenn sie sich in sehr zivilisierter Form äußerte.

Was war eigentlich Ihre Position an der Universität?

Eine Art unbezahlter Assistent: Ich befand mich in der normalen Zwischenstellung einer deutschen Universitätslaufbahn, wo man wartete, ob man einen Professor fand, bei dem man sich habilitieren, also zunächst einmal Privatdozent werden konnte.

Mannheim war einen Schritt weiter. Er war bereits Privatdozent und hatte als solcher das Recht, Vorlesungen zu halten. Dafür gab es nur die Kolleggelder der Studenten, sonst nichts. Man mußte eigenes Geld haben, um so leben zu können, und das war auch bei Mannheim der Fall: seine Frau kam, glaube ich, aus einer reichen ungarischen Familie.

Ich selbst war so etwas wie ein Mittelsmann zwischen ihm und den Studenten; ich hatte immer eine bessere Hand mit Studenten als er. In dieser Weise half ich ihm, und er beriet mich wegen meiner Karriere. Er wird auch Marianne Weber meinen Namen genannt haben; und so bekam ich eines Tages eine Einladung von ihr zu ihrem Salon. Von da an hatte man dort freien Zutritt.

Was war Heidelberg damals für ein Ort?

In erster Linie eine Studentenstadt. Die Studenten beherrschten das Stadtbild, nicht unähnlich wie in Oxford und

Cambridge. Die Einheimischen waren es gewöhnt, Zimmer an sie zu vermieten, und so wohnte ich jahrelang bei Fräulein Dürrsamen, die mich versorgte, in der Heidelberger Hauptstraße; ich sehe das kleine Schlafzimmer und das größere Wohnzimmer im ersten Stock noch vor mir.

Heidelberg stand damals noch ganz im Zeichen der farbentragenden Verbindungen mit ihren Käppis und Bändern. Die sogenannten Freistudenten, die keiner Verbindung angehörten, bildeten wahrscheinlich eine Minderheit, wenn auch eine kämpferische Minderheit. Bei Mannheim waren nur Freistudenten – eine völlige Trennung zwischen links und rechts.

Konnte man als Jude Mitglied einer farbentragenden Verbindung werden?

Nein. Allerdings gab es eigene jüdische Verbindungen, die all diese Dinge nachahmten; in Breslau war ich eine Zeitlang bei einer von ihnen. Sie wurden aber nicht für voll genommen, waren nicht satisfaktionsfähig. Aus meiner Breslauer Zeit erinnere ich mich, wie ich einmal – ich war damals gerade erster Chargierter – mit Käppi und dem ganzen Klimbim an der Hochzeit eines alten Herrn teilnahm, und mein Verbindungsbruder, der ebenfalls dabei war, flüsterte mir in der Synagoge zu: »Ein Mittelalter in dem andern.« Da hatte man also wieder die seltsame Situation, daß Juden, die zu den deutschen Studentenverbindungen nicht oder kaum zugelassen wurden, ihre eigenen Verbindungen gründeten, mehr oder weniger nach dem Vorbild der anderen – und zugleich machten sie sich darüber lustig.

In Heidelberg gab es natürlich nichts dergleichen, dort war man einfach Freistudent. Ich verbrachte viel Zeit damit, Marx zu lesen, den ich vorher nie gelesen hatte. Von Max Weber hatte ich wohl gehört, kannte aber nichts; so war das alles neu für mich. Ich war entschlossen, Privatdozent für Soziologie zu werden, und mußte mich ganz in das neue Gebiet einarbeiten.

Was wußten Sie damals von der Soziologie?

Fast nichts. Bei meinem ersten Aufenthalt in Heidelberg hatte mir Jaspers ein wenig davon erzählt, was für eine große Gestalt Max Weber war; so hatte ich bereits eine gewisse Vorstellung. Und wahrscheinlich wollte ich auch nach meinen Erfahrungen als Soldat und Geschäftsmann an ein Studium herankommen, das mehr mit dem wirklichen Geschehen des Lebens zu tun hatte.

Heidelberg war in jenen Jahren eine Art Mekka der Soziologen. Der große Max Weber war zwar tot, aber seine Witwe war noch da und sein Bruder Alfred, auch er Professor der Soziologie.

Überhaupt hatte Deutschland damals schon eine recht ansehnliche soziologische Tradition; denken Sie an Simmel, der erst kurz vor seinem Tod einen Lehrstuhl bekam, weil er Jude war. Es gab drei oder vier berühmte Leute, wie etwa Leopold von Wiese. Der Aufschwung der Soziologie begann also bereits in der Kaiserzeit, aber nach 1918 wurde er dann besonders ausgeprägt.

Wie erklären Sie sich das?

In der späten Kaiserzeit wurde die Soziologie getragen von der liberalen Bourgeoisie, von Männern wie Max Weber, Simmel und anderen, während in der Weimarer Republik – ich meine, mit dem Aufstieg der Sozialdemokratie – Leute wie Mannheim in ihrem Denken stark durch Marx beeinflußt waren. Das galt schon für Max Weber. Aber Weber hatte versucht, eine Gegensoziologie der Mittelklassen zu entwickeln. Mannheim andererseits griff einen Aspekt der Marxschen Lehre auf, dessen Wissenssoziologie, und machte daraus ein soziologisches Gebiet. Ja, mit den Veränderungen der Weimarer Republik kam auch eine eher linke, eine rosa Soziologie auf.

Waren Sie sehr ehrgeizig, als Sie nach Heidelberg gingen?

Ich wollte in die Universitätslaufbahn, und in Heidelberg

hatte ich keinerlei Zweifel, daß die Soziologie das Richtige für mich war. Ob man das »Ehrgeiz« nennen kann, weiß ich nicht. Ich war mir ganz sicher über meinen Kurs.

Heidelberg war damals auch mehr denn je zuvor ein Ort, an dem man seine Kräfte mit Altersgenossen messen und in der freundschaftlichen Rivalität mit gleich intelligenten Menschen entweder seiner selbst gewiß oder übertrumpft werden konnte.

Hatten Sie dabei auch ein höheres Ziel im Auge? Ein besseres Deutschland, die Verhütung eines neuen Krieges oder dergleichen?

Mein stärkstes Gefühl war damals, glaube ich, daß so furchtbar viel Falsches über die menschliche Gesellschaft verbreitet wurde. Ich konnte mit all meinen Bekannten, die in der Partei waren, nicht einig gehen, weil man dort, wie ich ihnen manchmal sagte, gezwungen war, zu lügen.

Was ich wirklich wollte, war, den Schleier der Mythologien durchbrechen, der unser Gesellschaftsbild verhängt, damit die Menschen vernünftiger und besser handeln können; denn es war mir klar, daß dieses Parteidenken den Blick auf die Dinge verstellt. Und so kam mir Mannheims zentrale These, daß alles Denken Ideologie sei, sehr entgegen. Er gab einem Gefühl, von dem ich ganz durchdrungen war, eine systematischere Form – dem Gefühl, daß alles, was ich las und in den Diskussionen hörte, voll war von Wunschträumen, Heilserwartungen und Stigmatisierungen. Daß wir ein Wissen von unserer Menschenwelt brauchen, das so realistisch wie möglich ist.

Sie hatten eine besondere Abneigung gegen die Parteilichkeit.

Nicht als solche – ich war selbst Partei –, sondern gegen die Verschleierung. Es war mir zuwider, daß sie in Ideologien reden mußten. An einem Punkt freilich bin ich schon früh über Mannheim hinausgegangen: während er bei der Ansicht stecken blieb, alles sei ideologisch, wollte ich zu einem Bild der Gesellschaft gelangen, das nicht ideologisch ist; und das habe ich auch erreicht.

Können Sie Beispiele für die Art von Mythologien geben, die Sie so abstoßend fanden?

Der ersten Mythologie begegnete ich schon in meiner Kindheit, als ich den Kaiser sah und all die Dinge über die Größe Deutschlands hörte und die *Schlesische Zeitung* las, das konservative Blatt in Breslau. Ich bekam die nationalistische Propaganda mit, die Kriegspropaganda, die wahrscheinlich eine große Rolle spielte; denn als ich das Leben an der Front kennenlernte, war es ganz anders, als manche der Kriegszeitungen schrieben. Und später in Heidelberg beobachtete ich, daß die Parteidoktrinen der Linken fast ebenso voll waren von falschen Idealisierungen und Ideologien. So reicht mein Gefühl, daß man den Schleier der Begriffe durchbrechen muß, sehr weit zurück.

Durch mein Studium der Biologie, Chemie und Physik hatte ich eine feste Vorstellung von Wissenschaft, und was ich dann in der Soziologie antraf, stand in scharfem Gegensatz dazu. Andererseits liebte ich die Soziologie, weil sie einen solchen Durchbruch versprach.

Sie haben ganz recht, wenn Sie meinen, daß dieses Bedürfnis nach Entschleierung eine meiner hauptsächlichen Triebfedern war. Dagegen wehren sich viele Menschen heute wie früher. Ich weiß, daß man mich andauernd mißversteht, weil die Menschen die Dinge nach ihren Wünschen verfälschen. Und das mache ich nicht mit.

Ihre Denkweise ist völlig antireligiös.

Oh ja, natürlich – oder nein, nicht »anti«. Darauf pflege ich zu antworten: Ich bin nicht abergläubisch. Ich bin tatsächlich sehr tolerant gegenüber religiösen Menschen und gar nicht »anti«. Aber selbst bin ich nicht abergläubisch.

Sie haben sich mit dieser Entschleierung nicht wenig vorgenommen.

Ja, es ist ein ehrgeiziges Ziel, und ich habe es nur teilweise erreicht, was mich ein wenig betrübt, weil ich nicht sicher bin, ob meine Arbeit fortgesetzt werden wird. Auch habe ich die starke Überzeugung, daß das nicht die Aufgabe eines einzigen Menschen ist, sondern die Aufgabe vieler Generationen. Ich glaube nicht, daß ich allein etwas bewirken kann.

Aus Gründen, die ich nicht kenne, hatte ich schon sehr früh das Gefühl, in einer Kette der Generationen zu stehen: ich tue das Meine, einige Schritte weiter, in einer Kette der Generationen. Das ist es, was ich kann, ich habe diese Begabung und darum die Pflicht, es gut zu machen. So empfinde ich bis heute. Ich sehe etwas und muß es so gut wie möglich zu Papier bringen... Wie es dann weitergeht, ist die Sache späterer Generationen.

Wie lange blieben Sie in Heidelberg?

Von 1925/26 bis 1930.

Und Mannheim war dort Ihre wichtigste intellektuelle Bezugsperson?

Das ist etwas schwer zu sagen, denn ich hatte auch manches gegen ihn einzuwenden. Nein, »intellektuelle Bezugsperson« ist übertrieben. Wichtig für mich waren die vielen Diskussionen überall in der Stadt.

Wenn Sie so erzählen, klingt das manchmal gar zu sorglos: Sie hatten Gespräche mit Freunden, es war ein intellektuell anregendes Klima – und dabei näherte sich eine Katastrophe.

Also... ich glaube nicht, daß ich je das Gefühl einer heraufziehenden Katastrophe hatte. Vor kurzem las ich ein Interview von Kurt Wolff, und darin berichtet er, wie ihm Mannheim 1933 sagte: »Diese ganze Hitlergeschichte kann nicht länger als sechs Wochen dauern, der Mann ist doch verrückt.«

Das war nicht meine Meinung, weil ich wahrscheinlich zu vorsichtig war, um mich so eindeutig festzulegen. Aber auch ich ahnte nicht, daß sich Hitler mehr als zehn Jahre halten würde. Nein, in Heidelberg hatte niemand das Bewußtsein, daß eine Katastrophe heraufzog.

Wissen Sie noch, wann Sie zum ersten Mal von den Nationalsozialisten hörten?

Sicher, einer der Assistenten von Alfred Weber war Nationalsozialist; ich kannte ihn sehr gut. Aber er war ein zivilisierter Mensch, ich war ein zivilisierter Mensch, wir waren es alle. Natürlich gab es die Straßenschlachten, aber mir ist doch auch unvergeßlich, wie Richard Löwenthal, der damals einer der prominentesten Kommunisten unter den Studenten war, in der Aula der Heidelberger Universität sprach – ein kleiner, sehr jüdisch aussehender Mann vor einem ganzen Saal von Korpsstudenten. Das war also ebenfalls möglich. Es ist ihm nichts passiert. Und dann war da der sehr zivilisierte Alfred Weber; ich denke nicht, daß er eine Vorstellung vom Kommenden hatte.

Ist es nicht merkwürdig, daß Sie, im Gegensatz zu all Ihren Freunden, keiner Partei angehörten? Sie haben sich das erlaubt – warum?

Aber wie hätte ich mit meiner Sichtweise, mit meinem Bedürfnis, durch die Verschleierungen hindurchzusehen, Mitglied einer Partei sein können? Ihre Programme beruhten alle auf Wunschdenken.

Konnten Sie denn einen Einfluß auf die Gesellschaft nehmen, ohne Mitglied einer Partei zu sein?

Darüber habe ich kaum nachgedacht. Ich wußte, was meine Aufgabe war: das Durchbrechen der Verschleierungen.

Und Sie wollten auch nie eine eigene Partei gründen?

Um Himmels willen, nein. So etwas kam mir nie in den Sinn. Um Himmels willen. Es ist eine absolut absurde Idee, völlig absurd.

Sie reagieren beinahe so, als ob wir Sie beleidigt hätten – Entschuldigung! Aber Sie wollten doch die Gesellschaft beeinflussen?

Allerdings – aber durch die Arbeit an einem Wissen über die Gesellschaft, das realistisch war. Das hatte ich mir vorgenommen, und das habe ich wirklich versucht.

Wollten Sie nicht auch andere Menschen für Ihre Ansichten gewinnen?

Wissen Sie, im Rückblick klingen Ihre Fragen sehr vernünftig, aber ich glaube nicht, daß ich mir je solche detaillierten Gedanken gemacht habe. Meine Aufgabe war eine andere.

War der Nationalismus die hauptsächliche Mythologie, die Sie demaskieren wollten?

Nationalismus, Kommunismus – was immer Sie wollen.

Ist jede Ideologie eine Mythologie?

Ja. In meinem Buch *Was ist Soziologie?* gibt es ein Kapitel »Der Soziologe als Mythenjäger«. Da ist es auf den Punkt gebracht.

Haben Sie nie in Rechnung gestellt, daß Menschen Mythen brauchen?

Doch, durchaus. Aber dann sollen sie Gedichte schreiben, das habe ich ja auch getan. Auch ich brauche Mythen – und Gemälde.

Aber viele Menschen brauchen Mythen in ihrem täglichen Leben: Mythen über ihre Partei, ihr Land, ihren Fußballklub...

Menschen brauchen in der Tat Mythen, aber nicht, um ihr soziales Leben zu regeln. Das geht nicht mit Mythen. Es ist meine feste Überzeugung, daß Menschen ohne Mythen besser zusammenleben würden. Mythen, so denke ich, rächen sich immer.

Sie finden also nichts an der Idee, daß Mythen für das soziale Leben unentbehrlich sind?

Warum sollten sie das sein? Gewiß, unsere Realität hat äußerst unerfreuliche Aspekte – zum Beispiel die Tatsache, daß das Leben vollkommen sinnlos ist. Aber dem muß man ins Auge sehen, weil es die Voraussetzung für das Bemühen ist, dem Leben einen Sinn zu geben. Und das können nur Menschen füreinander tun. So betrachtet, ist die Illusion eines vorgegebenen Sinnes schädlich.

Sie haben eine Abneigung gegen Illusionen.

Was meinen Sie damit: eine »Abneigung«? Ich *weiß*, daß sie schädlich sind. Warum übersetzen Sie das automatisch in eine Frage von Vorliebe oder Abneigung? Was ist das für eine Redeweise? Ich spreche von *Wissen*!

Wenn Sie sagen würden, man kann nicht ohne Phantasien leben – das ist etwas anderes.

Besteht denn ein so scharfer Unterschied zwischen Mythen und Phantasien?

Der Unterschied ist, ob man weiß, daß es sich um Phantasien handelt, oder ob man die eigenen Phantasien für Realität hält. Im letzteren Fall betrügt man sich selbst, und das sollte man natürlich nicht tun. Man sollte weder sich noch andere mit Mythen betrügen.

Ich bin sehr ernsthaft der Ansicht, daß wir in einem Dikkicht von Mythologien leben und daß es gegenwärtig eine der Hauptaufgaben ist, damit aufzuräumen. Das große Frühjahrs-Reinemachen – das ist es, was zu geschehen hat.

Was waren eigentlich in den Jahren um 1925/26 die Themen, mit denen Sie sich beschäftigten?

Lassen Sie mich einen Moment überlegen ... Ich erinnere mich, daß ich sehr um meine Konzentration gekämpft habe. Und daß ich im Salon von Marianne Weber einen Vortrag über die Soziologie der gotischen Architektur hielt – ausgerechnet. Ich habe mich auf die gotische Architektur konzentriert, weil man sie, zumindest in Deutschland, klar mit der Entwicklung der Städte in Zusammenhang bringen kann: jede Stadt wollte einen höheren Turm haben als die andere, es war eine Konkurrenz zwischen den Städten. Wir fassen das meistens als ein Streben zum Himmel auf, aber in Wirklichkeit war es Konkurrenz.

In derselben Zeit begann ich auch mit meiner soziologischen Untersuchung des Übergangs vom vorwissenschaftlichen zum wissenschaftlichen Denken. Zu diesem Zweck fuhr ich nach Florenz, weil ich Florenz als Zentrum der ganzen Entwicklung ansah. Ich weiß noch, daß ich nach Quellen über den frühen Galilei suchte und über einen Kreis von Malern, die ich die experimentellen Maler nenne, Masaccio, Uccello – vielleicht sind sie Ihnen bekannt. Sie waren der Wendepunkt, die ersten Maler, die mit der Perspektive arbeiteten. Auch da wieder ging es mir um die allgemeine Frage, wie Menschen vom mythologischen zum wissenschaftlichen Denken kommen. In der Soziologie, so meine ich bis heute, stecken wir immer noch in der vorwissenschaftlichen Phase, und darum habe ich mich mit diesem anderen Wendepunkt beschäftigt: Wie gelang es ihnen im frühen 15. Jahrhundert, zum ersten Mal einen dreidimensionalen Raum – die Realität – auf der zweidimensionalen Leinwand abzubilden?

Galten diese Themen damals in Ihren Kreisen als gute Themen oder als etwas ausgefallen?

Als gute Themen. Meine geplante Habilitationsschrift über die Anfänge der Naturwissenschaften wurde von Alfred Weber sehr gern akzeptiert.

Hat sich Deutschland in den fünf Jahren Ihrer Heidelberger Zeit sehr verändert? Können Sie das Deutschland von 1925 und 1930 miteinander vergleichen?

Nun, man bemerkte natürlich, daß die Gewalt zunahm, die Gewalt in den Straßenschlachten zwischen Nationalsozialisten und Kommunisten. Aber sie waren mir beide fremd – es waren einfach Barbaren am Rande des Horizonts. Was man bemerkte, war der wachsende Haß.

Fühlten Sie sich sicher in diesen Jahren?

Vollkommen – das heißt: in Heidelberg. In Frankfurt dann nicht mehr, aber das war nach 1930.

Aber wie sah Deutschland 1930 aus, in politischer Hinsicht?

Es war ein tief gespaltenes Land, darüber war man sich im klaren. Auf der einen Seite stand eine sehr mächtige Arbeiterbewegung, vor allem die Sozialdemokratie und die Gewerkschaften, mit einem Kreis von Intellektuellen an den Universitäten und außerhalb, und auf der anderen Seite stand der massive Block der Mittelklassen, der Mittel- und Oberklassen, die der sozialdemokratischen Partei mit einer heute kaum mehr zugänglichen, fast fanatischen Erbitterung begegneten. Und man wußte, daß jemand, der links eingestellt war, in Ländern wie Bayern und anderswo nur geringe Chancen hatte, in einer politischen Sache vor Gericht unvoreingenommenes Gehör zu finden.

Die Rechte war sich ihrer Macht nur allzu bewußt, und man konnte beobachten, wie sich die Machtbalance mehr und mehr zu ihren Gunsten neigte. Während gleich nach dem Ersten Weltkrieg die sozialdemokratische Partei und vielleicht noch die Liberalen sehr mächtig waren, erlebte die Weimarer Republik insgesamt eine allmähliche Verschiebung nach rechts – ob es nun die relativ gemäßigte Rechte war, vertreten durch die Deutsche Volkspartei Stresemanns, ob es eine konservativere oder die extreme Rechte war oder auch das katholische Zentrum, das sich ebenfalls nach rechts bewegte.

Deutschland war wirklich zweigeteilt. Das bedeutete nicht, daß Menschen mit einer unterschiedlichen parteipolitischen Position an der Universität nicht miteinander redeten. Aber man spürte doch, daß die Macht der Rechten größer wurde. Trotzdem dachte niemand in meinem Umkreis auch nur von ferne an etwas so Schreckliches, wie es dann geschah.

Diese Stimmung ging Hand in Hand mit einer Art Euphorie über die kulturellen Leistungen, die damals möglich waren. Als Mannheim und ich nach Frankfurt kamen, trafen wir dort einen überaus lebendigen, höchst produktiven intellektuellen Kreis an; das heißt, kulturell war es eine äußerst fruchtbare Zeit. Zu den klangvollen Namen in Frankfurt gehörten Goldstein, der Psychiater, Wertheim, der hauptsächliche Begründer der Gestaltpsychologie, Löwen, der Ökonom – es war ein sehr anregendes Klima. Wir ahnten nicht, daß mehr bevorstand als eine Verschiebung der parlamentarischen Kräfteverhältnisse, und hatten nicht sogleich das Gefühl einer Bedrohung unseres ganzen Lebens. Man arbeitete, jeder auf seinem Feld, mit der Aussicht auf eine sehr fruchtbare Zukunft.

War von der Bedrohung überhaupt nichts zu merken?

Erst 1932 kam das Gefühl einer wirklichen Gefahr auf; denn das Land war voller Privatarmeen. Das ist etwas, was Sie sich nicht vorstellen können: die Kommunisten hatten eine Privatarmee, die Sozialdemokraten hatten eine Privatarmee, die Nationalsozialisten ebenso mit ihrer SA und das konservative Bürgertum mit dem »Stahlhelm«. So erinnere ich mich noch sehr genau, wie ich 1932 die wachsende Gewaltdrohung in der Form von Saalschlachten wahrnahm. Wenn zum Beispiel ein kommunistischer Parteiredner in einem Bierkeller sprechen wollte, erschienen die Nationalsozialisten und sprengten die Versammlung, und umgekehrt. Die gemäßigteren Privatarmeen gingen nicht so weit, aber man konnte sie durch die Straßen ziehen sehen – wie etwa den Stahlhelm: massige, stämmige Männer in Uniform.

Ich finde, daß bei der historischen Betrachtung der Weimarer Republik bisher der Zusammenbruch des staatlichen Gewaltmonopols nicht genügend ins Licht gerückt wird. Und man kann sehr präzise sagen, warum es zusammenbrach: weil die Reichswehr selbst fest in den Händen der Rechten war. Sie war kein neutrales Instrument des Staates, sondern ein Instrument der Rechten.

Wo standen Sie selbst im politischen Spektrum?

Nun, ich war sicher kein Rechter. Alle meine Freunde waren links, und in dieser Konfrontation sympathisierte ich mit der Linken.

Welche Partei haben Sie gewählt?

Ich habe gar nicht gewählt.

Warum nicht?

Weil ... Ich meine, die Sprache der Politiker war so offensichtlich durchsetzt von Behauptungen, die ich als falsch erkannte ... Natürlich sympathisierte ich durchaus mit dem Kampf der Linken, und ich tat mein Bestes, um zu helfen. Aber die Ideologie der Linken war unrealistisch. Die Sozialdemokraten und die Gewerkschaften glaubten – wie mein eigener Vater – im Grunde an den Rechtsstaat. Das heißt, sie waren der Überzeugung, daß stets das Recht den Ausschlag geben würde und daß die Gewalt im Staat keinen Platz habe. Darum war die sozialdemokratische Partei auch gegen die Kommunisten: sie wollten keine Revolution, sie wollten keine Gewalt gebrauchen.

Mir ist noch sehr lebhaft im Gedächtnis, wie ich eines Tages zu einer Gewerkschaft ging, um dort meine Einschätzung der Lage vorzutragen. Ich wies darauf hin, daß allmählich die Privatarmeen wichtiger würden als die Parlamentswahlen. Und ich beschloß mein kleines Referat, etwas dramatisch, mit der Frage: »Meine Herren, welche Vorkehrungen haben Sie getroffen, um dieses schöne Gewerkschaftshaus zu verteidigen, wenn Sie angegriffen werden?« Die Antwort war tiefes Schweigen. Natürlich wußte ich, warum, und sie sagten es dann auch: sie hatten nie an eine solche Eventualität gedacht. Das vermittelt Ihnen vielleicht einen Eindruck von der ganzen Situation.

Glaubten Sie selbst an den Rechtsstaat?

Nein, daran hinderte mich mein Realitätssinn. Ich war schon damals zu der Einsicht gekommen, die später eine viel größere Rolle in meinem Denken gewonnen hat, daß das Recht ohne einen Rückhalt in physischer Gewalt nicht funktioniert.

Dann glaubten Sie also mehr an die Macht?

Ich *glaubte* nicht an die Macht, sondern gab eine soziologische, realistische Einschätzung der Lage. Eine solche Ausdrucksweise, verzeihen Sie, kann ich nicht zulassen. Ich *glaubte* nicht an die Macht!

Vielleicht ist »glauben« nicht das richtige Wort, aber Sie waren jedenfalls der Meinung, daß die Macht entscheidend sei.

Eher die physische Gewalt. Mir war klar, daß das Recht ohne Rückhalt in der ein oder anderen Art von physischer Gewalt nicht funktionieren kann, daß der Staat, wenn man seine Kontrolle über die physische Gewalt zerstört, funktionsunfähig wird. Und ich sah – vielleicht deutlicher, als sogar heutige Historiker es sehen –, daß sich die ganze Machtbalance in Deutschland veränderte, weil das Heer in den Händen der traditionellen Konservativen war und nicht der Regierung als Instrument diente.

Haben Sie über diese Dinge viel mit anderen gesprochen?

Nein, das nicht; aber ich nahm sie doch so ernst, daß ich das Gespräch mit der Gewerkschaft suchte. Und sie sagten mir: »Wir sind im Nachteil, weil wir in unserer Privatarmee, dem ›Reichsbanner Schwarz-Rot-Gold‹, nicht genug Berufsoffiziere haben – alle Berufsoffiziere gehören zum gegnerischen Lager –, und weil wir nicht genug Geld haben.« Und dann kamen sie mit der Frage heraus, ob ich ihnen nicht bei einigen reichen Juden Geld beschaffen könnte, um ihre Truppen in Schuß zu bringen, und ich antwortete: »Tut mir leid, aber ich habe keine großen Verbindungen zu reichen Juden.«

Wir finden es dennoch seltsam, daß Sie sich so wenig politisch engagierten. War das nicht sehr schwierig, in einer so gefährlichen Zeit?

Nun, sehen Sie ... Ich hatte nicht die Illusion, daß ich viel ausrichten konnte.

Aber Sie schrieben auch keine Zeitungsartikel oder dergleichen.

Ich bin kein Politiker. Und begreifen Sie denn nicht, daß ich so vieles davon als Illusion erkannte? Ich teilte diese Illusionen nicht.

Das sind rationale, intellektuelle Erwägungen. Aber emotional liegen die Dinge doch anders?

Meine Emotionen waren darauf gerichtet, daß ich nicht den gängigen Illusionen verfallen wollte. Da war ich allerdings sehr engagiert. Ich vermeide das Wort »rational«; aber ich kann zwischen einer realistischeren und einer weniger realistischen Handlungsweise unterscheiden – so würde ich es sehen.

Waren Sie Pessimist?

Nein. Pessimismus oder Optimismus sind wieder Kategorien, die nicht passen; ich kann mit ihnen nicht arbeiten, sie sind, wenn ich das sagen darf, zu grob. Ich war weder Optimist noch Pessimist, ich versuchte nach Kräften, Realist zu sein.

Fühlten Sie sich der Demokratie verbunden, dem parlamentarischen System?

Ich hätte nicht von »Demokratie« gesprochen, aber natürlich war ich zutiefst gegen eine Diktatur.

Es bleibt aber doch schwer zu verstehen, daß Sie sich so abseits hielten.

Ich hielt mich nicht abseits! Ich tat mein Möglichstes. Nehmen Sie es mir nicht übel, wenn ich zurückfrage: Was hätten Sie denn getan?

Zumindest gewählt.

Und dann hätten Sie die Illusion gehabt, etwas getan zu haben?

Jedenfalls das Minimum in einer Demokratie.

Nun ja, aber in der damaligen Situation lag offen zutage, daß das Wählen nicht mehr das Wichtigste war. Es hätte der emotionalen Entlastung gedient, nicht mehr.

Vielleicht ist es unter heutigen Bedingungen in den Niederlanden anders; aber damals war es sehr realistisch, die

Aufmerksamkeit auf die Bedeutung des Nachdenkens über Gewaltstrategien zu lenken. Das war gewiß kein Sich-Abseitshalten.

Haben Sie je in Ihrem Leben gewählt?

Möglich, ich kann mich im Moment nicht erinnern. Sicher ist nur, daß ich in England, wo ich erst spät die Staatsbürgerschaft erlangte, nie gewählt habe. Ob es auch in Deutschland immer so war, weiß ich nicht mehr. Das politische Geschehen aber habe ich mit größtem Interesse verfolgt. Als Hitler in Frankfurt eine Rede hielt, bin ich hingegangen.

Das muß Ende 32 oder Anfang 33 gewesen sein. Es wurde eine große Rede von Hitler angekündigt, und ich brannte darauf, ihn leibhaftig zu sehen. Aber das war gefährlich, weil ich als Jude zu erkennen war. Andererseits konnten meine Gesichtszüge bei entsprechender Verkleidung auch als aristokratisch durchgehen; wenn ich also meine Brille ablegte, mir ein Monokel ins Auge klemmte, ein Jägerhütchen aufsetzte und mich anders kleidete, war ich ein anderer Mensch. Und so schritt ich in Begleitung von zwei baumlangen, sehr arisch aussehenden Studenten durch das Spalier der SS.

Es war faszinierend... Der Führer ließ die erregte Menge zwei Stunden warten, man sang patriotische Lieder, und manchmal mußte ich ebenfalls den Mund bewegen, weil ich nicht der einzige sein konnte, der schweigend dasaß. Einmal verließ ich kurz die Versammlung und stand plötzlich Auge in Auge einem Mit-Assistenten gegenüber, der Nationalsozialist war. Er zuckte zurück, ich zuckte zurück, dann warf ich noch einen Blick über die Schulter, er ebenso, und ging weg. Ein sehr merkwürdiger Moment – aber dann kam der Führer. Er war wirklich ein ungewöhnlich guter Redner. Vor allem eines ist mir in Erinnerung geblieben: wie er am Ende die Kinder segnete. Das hatte ich nie zuvor erlebt! Er ließ die Kinder zu sich heraufkommen, legte ihnen gleichsam die Hand auf den Kopf und sprach zu ihnen. Und die Menge raste vor Begeisterung.

Zu solchen Dingen ging ich hin, um mich zu orientieren, um ein Verständnis zu gewinnen und um mit eigenen Augen zu sehen.

Sagte Hitler in dieser Rede etwas über die Juden?

Er machte ein paar antisemitische Bemerkungen, über die »schmutzigen Juden«, aber daß er sie alle umbringen wollte, sagte er nicht. Vielleicht hatte ich mehr als Sie das Gefühl, daß man als Einzelner sehr wenig ausrichten kann. Ich hatte schon damals eine gewisse Vorstellung von Interdependenzketten: wie der Einzelne gebunden ist durch die wechselseitige Abhängigkeit von anderen.

Erinnern Sie sich noch, worüber Hitler sprach?

Nein, nicht im Detail. Ich weiß noch, daß er über die glorreiche Zukunft sprach: wie groß Deutschland sein würde und wie verderblich das gegenwärtige Regime war.

Als Sie ihn hörten, erregte das starke Gefühle bei Ihnen?

Ich fand, er war gefährlich. Sehr gefährlich.

Hatten Sie Angst?

Ich glaube nicht.

Weil er noch nicht an der Macht war.

Ich hatte nicht einmal wirkliche Angst, als sie an der Macht waren. Wenn ich Angst gehabt hätte, wäre ich nicht zu der Versammlung gegangen. Stellen Sie sich vor: es hätte nur jemand rufen müssen »Ein Jude!«, dann hätten sie mich zusammengeschlagen. Ich hatte wohl eher ein intensives Bedürfnis zu wissen, was vor sich ging, und das verträgt sich nicht mit Angst.

Warum wollten Sie überhaupt wissen, was vor sich ging?

Weil ich denke, daß das eine der wichtigsten Aufgaben der Menschen ist: wenn sie ihr Leben besser regeln wollen, als es heute der Fall ist, dann müssen sie wissen, wie die Dinge zusammenhängen. Ich meine das ganz praktisch, denn andernfalls handeln wir falsch. Es ist das Elend der gegenwärtigen Menschheit, daß sie sich so oft durch unrealistische Ideen leiten läßt.

Wie zum Beispiel?

Es gab einmal eine große Begeisterung für den Kommunismus, Menschen haben ihr Leben geopfert – und schauen Sie, was daraus geworden ist. Es gab eine Begeisterung für den Liberalismus, amerikanische Präsidenten und Ökonomen glauben immer noch an ihn – und sind sie in irgendeiner Weise imstande, unserer ökonomischen Misere abzuhelfen? Sie handeln, als ob sie Bescheid wüßten, aufgrund von Idealen, aber in Wirklichkeit wissen sie nicht, wie die Wirtschaft oder wie Staaten funktionieren.

Es müßte mehr Menschen geben wie mich, die keine Angst vor dem haben, was sie entdecken. Offenbar fürchten Menschen, daß sie etwas Unerfreuliches herausfinden werden, wenn sie realistisch über sich nachdenken. Nehmen Sie Freud: Er wollte auf seine Weise herausfinden, wie die Dinge wirklich sind, unabhängig davon, was die Leute vorher gesagt hatten. Und das ist die Aufgabe eines Wissenschaftlers, in den Sozialwissenschaften wie in den Naturwissenschaften. Das ist das Ethos eines Wissenschaftlers.

Zurück zur Politik. Waren 1933 schon viele Ihrer Universitätskollegen verschwunden?

Ja, auch Studenten – die meisten unserer Studenten waren links bis sehr links. Es muß im Februar 33 gewesen sein, als mir plötzlich einfiel, ich müßte in unserem Seminar nachsehen, ob nicht irgendwelche kompromittierenden Papiere zurückgeblieben waren. Ich ging also hin und entdeckte die Mitgliederliste der »Roten Studentengruppe«; es lag eine Masse belastender Dinge herum, etwa eine vollständige Namensliste unserer Studenten. So durchsuchte ich die ganzen Seminarräume und nahm alles mit, was mir irgend verdächtig erschien. Als mich dann die SS einige Tage später holte, damit ich ihnen das Seminar übergäbe, war ich sehr frech; denn ich wußte, sie würden nichts finden.

Sie kamen in meine Wohnung, um mich zu holen, und dann wurde ich, Norbert Elias, in einem offenen Militär-Geländewagen durch Frankfurt gefahren, eine Nazi-Fahne neben mir. Ich war verantwortlich für das Seminar und hatte darum die Schlüssel. Ein SS-Leutnant, ich sehe die Szene noch vor mir, betrachtete die Bücherreihen und griff sich Marx heraus: »Aha, Marx – natürlich! Diese schmutzigen Kommunisten hier.« Als ich ihn fragte: »Was suchen Sie eigentlich?«, erwiderte er: »Das geht Sie gar nichts an.«

Es war die sogenannte »Marxburg« – das Haus des berühmten Instituts für Sozialforschung, in dem die soziologische Abteilung der Universität Frankfurt das Erdgeschoß gemietet hatte. Nach der Aushändigung der Schlüssel verboten sie mir streng, das Gebäude je wieder zu betreten; dann durfte ich nach Hause gehen.

Sind Sie noch einmal dort gewesen?

Eine Woche später war ich noch einmal beim Pförtner, an der Hintertür, und er erzählte mir, daß sie gerade am Graben seien: Das Haus, das der Gruppe um Horkheimer gehörte, lag gegenüber der sozialdemokratischen *Volksstimme*, und sie hatten die Vorstellung – wie aus einem Kriminalroman –, daß es einen unterirdischen Gang zwischen der *Volksstimme* und dem Horkheimer-Institut geben müsse. Was völlig absurd war, denn Horkheimer war gar kein Sozialdemokrat. Aber auf diesen Linien bewegte sich ihre Phantasie.

Ich war damals nicht mehr Assistent, obwohl mir mein Gehalt noch bis Oktober 1933 ausgezahlt wurde. Aber das war wahrscheinlich Sache der Universität.

Wann haben Sie beschlossen, Deutschland zu verlassen?

Das muß im März oder April 33 gewesen sein. Ich schmiedete um diese Zeit mit einer Studentin und guten Freundin von mir Pläne, daß sie mich in die Schweiz fahren würde, damit ich mich nach einer Universitätsstelle umsehen könnte. Es war Grete Freudenthal, die einen Wagen hatte; und tatsächlich brachte sie mich nach Basel, Zürich und Bern, wo ich die wenigen Leute, die ich kannte, wegen einer möglichen Stelle fragte. Vergebens.

Wann ich Deutschland genau verlassen habe, weiß ich nicht mehr. Ich glaube, ich besuchte zuerst noch meine Eltern, und dann ging ich nach Paris.

Was sagten Ihre Eltern zu diesem Entschluß?

Nun, sie wünschten mir guten Erfolg ... Dann also nach Paris. Und 1935 ging ich von dort wieder weg, weil ich keinerlei Aussicht hatte, an eine französische Universität zu kommen.

Waren diese zwei Jahre ein wichtiger Teil Ihres Lebens?

Das ist schwer zu sagen. Sie waren ein sehr stimulierender Teil meines Lebens. Ich meine, man war ganz auf sich selbst gestellt; man saß in Cafés herum und hatte keinen wirklichen Lebensplan mehr.

Und hatten Sie Geld?

Mein Vater hat mir wohl etwas gegeben. Und dann machte ich eine kleine Fabrik auf, für Spielzeug, kaufte einige Maschinen und verlor alles Geld, das ich hatte. Ich zog durch die Pariser Warenhäuser und versuchte, unsere Sachen an den Mann zu bringen. Es war ein Elefant auf Rädern dabei, ein Hampelmann – die Einzelheiten sind mir entfallen.

Haben Sie die Modelle selbst entworfen?

Oh nein. Ich hatte zwei Partner, Arbeiterklassenleute, Kommunisten aus Deutschland, die auch weggegangen waren. Einer von ihnen war ein recht namhafter Schriftsteller, Ludwig Turek, und der andere ein Bekannter von mir aus Frankfurt, ein Bildhauer, der zeichnen konnte und die Entwürfe machte. Es gab allerlei nette Vorfälle; zum Beispiel erinnere ich mich, wie Turek André Gide vorgestellt wurde, und diese Begegnung zwischen einem echten deutschen Proletarier und dem sehr kultivierten Gide muß höchst faszinierend gewesen sein; Turek hat mir später davon erzählt.

Etwa ein Dreivierteljahr konnten wir wahrscheinlich zu dritt von diesem Unternehmen leben. Meine Aufgabe war der Vertrieb und auch die Entscheidung, welche Modelle sich am ehesten verkaufen würden; denn ich kannte ja von meinen Gängen her die Einkäufer der Warenhäuser.

In derselben Zeit schrieb ich zwei Aufsätze – nicht meine ersten überhaupt, aber nahezu die ersten, die gedruckt wurden: die Arbeit über den *Kitschstil* und eine andere über *Die Vertreibung der Hugenotten aus Frankreich*. Sie erschienen übrigens, die eine von ihnen, in Holland. Der Querido-Verlag hatte eine Art Exilanten-Zeitschrift, die von Klaus Mann herausgegeben wurde, und ich hatte Mann zufällig in Paris getroffen. Bei dieser Gelegenheit forderte er mich auf, etwas für ihn zu schreiben.

Ich bekam auch ein Stipendium von einer holländischen Stiftung, dem *Steunfonds*, durch Professor Frijda, und war mit der *École normale superieure* verbunden; aber die hatte kein Geld.

Haben Sie Deutschland vermißt?

Nun, ich hatte schon immer eine tiefe Liebe für Frankreich. Ich liebte die französische Kultur und sprach damals ein fast makelloses Französisch fast akzentfrei – im Gegensatz zu England, wo ich meinen Akzent nie verloren habe. Ich liebte Frankreich, liebte Paris, aber darum war es um so betrüblicher, daß mich kein einziger Franzose nach Hause eingeladen hat. Das tun sie nun einmal nicht. Oder doch, ein einziger tat es: Alexandre Koyré, ein ausgezeichneter Ideengeschichtler russisch-jüdischer Herkunft. Mit ihm hatte ich einigen Kontakt.

In welchem Viertel von Paris wohnten Sie?

Vermutlich Montparnasse, ich wohnte in einem Hotel. Es war sehr schön, zum Tanzen zu gehen, ins *Apache*, in der Nähe der Bastille, und in den Cafés von Montparnasse zu sitzen. Man konnte auch in billigen Restaurants hervorragend essen und traf dort alle Welt – nur keine Franzosen.

Aber zugleich war es eine sehr schwere Zeit, die einzige Zeit, in der ich je gehungert habe, weil ich kein Geld mehr hatte.

Trotzdem verloren wir nicht den Mut. Man lebte einfach von Tag zu Tag und hoffte das Beste, solange das Geld reichte. Ich erinnere mich noch an die zwei oder drei Tage, an denen ich mir schlechterdings kein Geld beschaffen konnte; da bat ich eine Bekannte im Café, die neben mir saß, mir einen Kaffee mit Brötchen zu bestellen.

Warum haben Sie Frankreich verlassen?

Weil es dort hoffnungslos war. Keine Zukunft. Zwei Freunde von mir aus Breslau, die inzwischen in England lebten, sagten mir: »Warum kommst du nicht nach England?« Und ich antwortete: »Ich kann nicht, ich kann kein Englisch« – das heißt, höchstens etwas lesen. Aber dann ging ich doch. Ich besuchte meine Eltern, und ich sehe noch, wie mir mein Vater als Abschiedsgeschenk eine Reiseschreibmaschine kaufte, die ich bis heute besitze; die Maschine habe ich nach England mitgenommen. Das war 1935 – das letzte Mal, daß ich vor dem Krieg in Deutschland war.

Und wahrscheinlich auch das letzte Mal, daß Sie Ihre Eltern sahen.

Nein. Sie besuchten mich noch einmal in London. 1938. Sie werden es nicht glauben, aber sie kamen 1938; das war immer noch möglich.

Fanden Sie Deutschland bei diesem letzten Besuch sehr verändert? Es gab doch inzwischen viel mehr Nationalsozialisten.

Gewiß, und trotzdem ... es ist ein großes Land. Man sah vielleicht etwas mehr Hakenkreuze auf der Straße, aber es waren doch immer noch all die anderen Leute da, die keine Nationalsozialisten waren.

Aber hat man Sie nicht zum Beispiel an der deutschen Grenze übel behandelt?

Deutschland ist ein sehr ordentliches Land. Es herrschten auch damals geordnete Zustände. In der Zeit der Straßenschlachten hatte es nackte Gewalt gegeben; aber nachdem sie an der Macht waren, wurde Deutschland wieder ordentlich, wieder ein Rechtsstaat.

Das nationalsozialistische Deutschland?

Ich drücke mich nicht klar aus. Die Zustände in Deutschland waren immer noch geordnet, und das Gefühl, daß es ein Rechtsstaat sei, daß einem nichts angetan werden könne, war tief verwurzelt. Bedenken Sie, daß selbst meine Eltern nicht genug Angst hatten, um Deutschland zu verlassen.

Empfand man es nicht als ein gefährliches Land?

Es war alles schrecklich, es war natürlich furchtbar. Ein Diktator, Hitler... man empfand wirklich Verachtung für ihn, und es war schlimm, daß dieser Mann nun Deutschland regierte. Aber das bedeutet nicht, daß sich Menschen wie meine Eltern – oder auch ich, als ich durch Deutschland reiste – damals in akuter Lebensgefahr fühlten. Eine solche Vorstellung ist immer eine Projektion von später her; denn sehen Sie, auch die Nationalsozialisten selbst arbeiteten sich nur langsam zur »Endlösung« vor. Sie hatten die Gaskammern nicht von Anfang an geplant, es war ein allmählicher Prozeß. Wie also hätten wir eine Ahnung davon haben sollen?

Es erscheint so unglaublich, daß Ihre Eltern Sie in London besuchten. Sie waren dort in Sicherheit – und doch kehrten sie wieder zurück.

Aber sie sagten: »Warum sollen wir weggehen? Alle unsere Freunde sind in Breslau, und in London kennen wir keinen Menschen.« Ich höre noch wie heute die Worte meines Vaters: »Ich habe nie etwas Unrechtes getan. Was können sie mir tun?«

Ich beschwor sie, zu bleiben. Ich wollte nicht, daß sie nach Breslau zurückgingen, weil ich das Gefühl hatte, daß sie dort in Gefahr waren; ich beschwor sie mit aller Macht.

Aber sie verstanden mich nicht, sie waren alt und hatten in Breslau ihr gewohntes Leben; man kann solche Menschen nicht entwurzeln. Bis heute werfe ich es mir vor, daß ich nicht die Überzeugungskraft hatte. Mein Vater meinte auch noch: »Wovon soll ich hier leben?« Und ich konnte nur antworten, daß ich ihnen helfen würde, daß ich versuchen würde, mehr zu verdienen.

Sie konnten ihn nicht zwingen.

Nein, ich konnte ihn nicht zwingen. Das war das letzte Mal, daß ich meine Eltern sah.

Ich erinnere mich noch ganz genau... Darüber werde ich natürlich nie hinwegkommen. Darüber werde ich nie hinwegkommen...

Sie erkannten also, wie dringend es war, daß sie blieben.

Ja. Es war 1938, und 1938 wußte man natürlich... Die Kristallnacht war schon gewesen – alle möglichen schlimmen Dinge. Von den Konzentrationslagern wußte man noch nichts.

Aber Dachau gab es doch bereits?

Die Juden wurden noch nicht systematisch deportiert.

Dachau war für politische Häftlinge.

Und außerdem steckte ich damals tief im Schreiben meines Buches über den Zivilisationsprozeß.

Und Sie haben Ihre Eltern nie wiedergesehen.

Meine Mutter schrieb mir 1940, daß mein Vater gestorben war. Sie schrieb mir Briefe, ich habe sie immer noch. Dann verschwand sie, in Auschwitz... Entschuldigen Sie mich einen Augenblick.

Wann und wo haben Sie beschlossen, das Buch über den Prozeß der Zivilisation zu schreiben? In Deutschland? In Paris?

Um das beantworten zu können, muß ich etwas zu der seltsamen, zwiespältigen Lage sagen, in der man sich befindet, wenn man vollkommen aus der Lebensbahn geworfen ist. Auf der einen Seite wußte ich, daß ich daran arbeiten mußte, mir wieder eine Karriere aufzutun; ich war auch noch jung genug dafür. Und auf der anderen Seite war es, schon in Paris, sehr angenehm, so notgedrungen in den Tag hinein zu leben. Es widerspricht vielleicht Ihrem eigenen Ich-Ideal, aber ein solches Leben hat auch seine erfreulichen Züge – als ob eine Last von einem genommen wäre.

Als ich in London eintraf, hatte ich natürlich kein Einkommen. Es gab dort aber ein jüdisches Flüchtlingskomitee, das bereit war, mich zu unterstützen. Ich sagte ihnen, daß ich nur dann in meine Karriere zurückkehren könnte, wenn sie mir genug Geld bezahlten, um ein Buch zu schreiben; und sie erwiderten, das sei recht unrealistisch, weil mein Englisch damals noch mangelhaft war, ich das Buch also auf Deutsch schreiben mußte. Schließlich setzten sie mir einen kleinen Betrag aus, gerade ausreichend, um nicht zu verhungern und sich ein Zimmer leisten zu können. Das war ungefähr alles.

Sie wohnten in London?

Ja. Ich entdeckte dort die Bibliothek des Britischen Museums, die heutige Britische Bibliothek, und von da an spielte sich mein Leben so ab, daß ich morgens aufstand und den ganzen Tag im Britischen Museum verbrachte, mit einem kleinen Imbiß in einem nahegelegenen Café; natürlich hatte ich auch einige Bekannte. Es war ein Leben, das ich sehr genoß. Ich wußte, daß ich vorerst keine Zukunft hatte, aber ich konnte im Britischen Museum schmökern – oder genauer: im Katalog der Bibliothek; und wann immer ich einen Titel sah, der mich interessierte, ließ ich mir das Buch kommen und las darin. Meine Vorstellungen, was ich schreiben würde, waren zunächst ziemlich vage, aber allmählich kam ich durch das Schmökern auf eine Spur, die mir vielversprechend erschien.

In welche Richtung gingen Ihre Vorstellungen?

Sie waren ganz unklar, aber ich hatte doch ein großes

Wissen erworben, das mir beim Lesen eine Fülle von Assoziationen lieferte. So bin ich auch auf die Etikettebücher gestoßen. Ich bestellte einmal per Zufall eines von ihnen, ich glaube, es war Courtin, und fand es überaus spannend. Und zwar deshalb, weil ich wußte, daß zeitgenössische Psychologen der Meinung waren, man könne ein überzeugendes Bild von menschlichen Einstellungen nur durch das Messen der Einstellungen heutiger Menschen gewinnen, während sich über die Verhaltensstandards von Menschen der Vergangenheit nichts, und schon gar nichts Sicheres, ausmachen lasse. Hier nun hatte ich auf einmal Material, das die Verschiedenheit der Standards früherer Zeiten zeigte und zuverlässige Aussagen darüber erlaubte, wie sie sich verändert haben.

So begann ich mein Buch *Über den Prozeß der Zivilisation* mit dem klaren Bewußtsein, daß es ein impliziter Angriff gegen die Welle der Einstellungs- und Verhaltensuntersuchungen zeitgenössischer Psychologen sein würde. Denn die akademischen Psychologen – nicht die Freudianer – glaubten strikt, daß man jemanden hier und jetzt vor sich haben, daß man seine Einstellung durch Fragebögen oder andere quantitative Methoden messen müsse, um etwas Sicheres darüber aussagen zu können. Und auf diese Weise ist es natürlich ganz unmöglich, heutige Standards als etwas Gewordenes in den Blick zu bekommen. Sie gingen immer so vor, als ob sie aus den Ergebnissen von Tests mit heutigen Menschen unmittelbare Rückschlüsse auf Menschen überhaupt ziehen könnten.

Für mich stand fest, daß das falsch war, daß es einfach ein Versuch war, physikalische oder biologische Verfahrensweisen auf Menschen anzuwenden. Der ganze Wandlungsprozeß der Menschen wird dabei ausgeblendet. Das, so würde ich sagen, war meine Schlüsselerfahrung.

Unter welchen Schlagworten suchten Sie, um Bücher zu bestellen?

Wenn mir ein interessanter Titel begegnete . . . Ich hatte ja bereits in Frankfurt über das französische 18. Jahrhundert gearbeitet und die erste Fassung der *Höfischen Gesellschaft* geschrieben. So brachte ich von vornherein ein Interesse an Manieren mit.

Im Britischen Museum fühlte ich mich ganz zu Hause; nach einem halben Jahr kannte man dort mindestens 20 Prozent der regelmäßigen Benutzer. So erinnere ich mich an einen alten katholischen Pater, ziemlich dick, der die Bibliothek genauso regelmäßig besuchte wie ich und an einem katholischen Lexikon schrieb – irgendetwas von A bis Z, Tag für Tag. Ich glaube, er war gerade bei L angelangt.

Immer wenn ich ankam, brachte mir der Bibliotheksangestellte 10 Minuten später den Bücherstapel, den ich mir hatte zurücklegen lassen, an den Tisch, und dann begann die Freude des Schmökerns; und wenn ich in einer Fußnote einen möglicherweise interessanten Literaturhinweis fand, ging ich gleich zum Katalog und bestellte.

Obwohl im Lesesaal rund 150 Menschen saßen, herrschte eine gedämpfte Atmosphäre; es war ein ganz entspanntes Vergnügen, dort jahrelang zu arbeiten. Ich machte damit auch weiter, nachdem das Buch fertig war. Eigentlich bin ich ins Britische Museum gegangen, bis ich England verließ. An *Über den Prozeß der Zivilisation* habe ich genau drei Jahre gearbeitet.

Taten Sie daneben noch etwas anderes oder konzentrierten Sie sich völlig auf das Buch?

Ich tat nichts anderes.

War es eine schöne Zeit?

Nun, ich hatte natürlich alle möglichen Sorgen. Es war damals die Zeit, in der sich zum Beispiel die Situation in Deutschland verschlimmerte, und ich war voller Angst um meine Eltern. Auch meine eigene Zukunft lag im Dunkeln. Ich hatte einen Verleger in Breslau gefunden, aber während ich noch an dem Buch schrieb, mußte er das Land verlassen, weil er Jude war. So war ich gezwungen, mir einen neuen Verleger zu suchen, und mein Vater mußte die Fahnen des ersten Bandes beim Drucker auslösen. Es gab also eine Fülle wachsender Sorgen – aber im Britischen Museum konnte man sich ganz auf seine Arbeit konzentrieren. Trotz aller Sorgen.

Und Ihr Geld wurde immer weiter gezahlt, ohne zeitliche Begrenzung?

Ja, ich hatte keinen festen Endtermin. Jedes halbe Jahr führte ich ein Gespräch mit einem Mann vom Flüchtlingskomitee, der mich fragte, wie ich vorankam und wann das Buch fertig sein würde. Und als ich den ersten Band abgeschlossen hatte, mußte ich ihm sagen, daß ich inzwischen am zweiten Band schrieb. »Gut«, war seine Antwort, »gut, wenn Sie meinen, daß es zwei Bände werden müssen, dann machen wir zwei Bände.«

Wurden Sie bei dieser Arbeit durch Ihre Erfahrungen mit der englischen Lebensweise beeinflußt?

Vermutlich, aber ich war mir dessen kaum bewußt. Sicher müssen mir sehr bald die Unterschiede zwischen den englischen und deutschen Verhaltensstandards aufgefallen sein... Ich schrieb also das Buch – ohne jede Vorstellung, daß es völlig außerhalb der Interessen anderer lag. Mir selbst erschien das Thema höchst interessant.

Warum haben Sie Frankreich als Modell genommen, um etwas über Gesellschaften im allgemeinen aufzuzeigen? Sie kannten doch die deutsche Gesellschaft viel besser.

Damals wußte ich wirklich sehr viel über die französische Gesellschaft. Und der erste Teil von *Über den Prozeß* handelt ja auch von Deutschland, von der Entwicklung des Gegensatzes zwischen »Kultur« und »Zivilisation«, den ich dann mit dem französischen Zivilisationsbegriff vergleiche. Mit England hatte ich mich sehr wenig beschäftigt.

Frankreich und Deutschland sind alte Feinde. Hatte das etwas mit Ihrer Wahl zu tun?

Da müßte ich genauso raten... nur mein Analytiker könnte es wissen. Ich habe keine Ahnung. Das einzige, was ich sagen kann, ist, daß ich schon von früh an, obwohl ich stark mit der deutschen Tradition identifiziert war, eine große Vorliebe für die französische Kultur hatte.

Daß ich im Krieg selbst gegen die Franzosen kämpfte, hat mein Bewußtsein nie sehr berührt. Es ist seltsam: ich war nie am Feind interessiert, hatte nie dieses Gefühl.

Wollten Sie am Beispiel Frankreichs etwas über die deutsche Gesellschaft klar machen?

Ja. Ich dachte und denke nach wie vor, daß ich mit dem ersten Teil meines Prozeß-Buches, wo ich die deutsche Höherbewertung der »Kultur« und die französische Höherbewertung der »Zivilisation« erörtere, einen wichtigen Beitrag zur Klärung eines Problems geleistet habe, das gerade jetzt sehr en vogue ist – des Problems nationaler Mentalitäten. Das habe ich schon damals getan. Ich konstatiere nicht nur, daß, sondern erkläre, *warum* die nationale Mentalität der Deutschen anders ist als die der Franzosen.

Es war der erste Schritt zu einer Erkenntnis, die ich für eine meiner wichtigsten halte: daß man die Struktur von Gesellschaften wie von Mentalitäten nur durch systematischen Vergleich herausfinden kann.

Was an der deutschen nationalen Mentalität wollten Sie klar machen?

Eines der entscheidenden Kennzeichen der deutschen Entwicklung ist, daß die Schranke zwischen Adel und Bürgertum viel höher war, auch am Hof, als in Frankreich. In Deutschland sprach die höfische Aristokratie Französisch, und die Mittelklassen hatten ihre eigene Elite, die sehr wenig von den zivilisierten Manieren des Adels übernahm. Das wirkt sich bis heute aus. Kürzlich war ich beim Rundfunk, und dort kann man also in einer Sendung sagen: »Sie sitzen dann auf ihrem nackten Arsch.« Ich glaube nicht, daß dergleichen in Frankreich oder in England möglich wäre. Man kann im Deutschen viel gröber sein als im Englischen oder Französischen, und das kommt daher, daß die deutschen Mittelklassen nie, oder nur auf eine sehr eigentümliche Weise, Verhaltensmodelle vom Hof übernommen haben.

Bis zum heutigen Tag hat die französische Kultur und Zivilisation etwas von der Eleganz des Hofes bewahrt; man kann im Klangfluß der französischen Sprache immer noch das Echo einer höfischen Gesellschaft hören. Wenn man sich etwa die Floskeln am Schluß eines Briefes ansieht ... *je vous prie de croire, cher Monsieur* usw., während im Deutschen ein pedantisches, bürokratisches »Mit vorzüglicher Hochachtung« dasteht, und auch das ist inzwischen weggefallen.

Wollten Sie, durch Ihre historische Darstellung, auch etwas über Deutschland in den dreißiger Jahren sagen?

Ja ... ein wenig, ja. Ich hatte immer den Eindruck, daß die extreme Hemmungslosigkeit, zu der man in Deutschland fähig ist, unter anderem damit zusammenhängt, daß die Kultur der deutschen Mittel- und Unterklassen nur wenig durch eine Stufe im Zivilisationsprozeß geprägt wurde, die in England und Frankreich sehr wichtig war – die aristokratische Stufe. In welchem Maße das städtische Patriziat in Holland einen zivilisierenden Einfluß ausgeübt hat, weiß ich noch nicht.

Aber Deutschland hatte doch eine Aristokratie.

Gewiß, aber sie verteilte sich auf viele kleine und einige wenige größere Höfe, ohne einen zentralen Hof. Das ganze Verhältnis zum Bürgertum war anders. Um ein Beispiel zu nennen: Goethe beschreibt im *Werther,* wie Werther versehentlich in eine Gesellschaft seines gräflichen Gönners gerät und wie der Graf ihn beiseite führt und ihm sehr höflich zu verstehen gibt, daß man an der Anwesenheit eines Bürgerlichen Anstoß nehme; Werther mußte gehen. Während also in Frankreich und England eine Verschmelzung von bürgerlicher Moral und aristokratischen guten Manieren stattfand, war in Deutschland die Schranke zwischen beiden viel höher; der deutsche Nationalcharakter wurde viel mehr von den Mittelklassen geprägt.

Das deutsche Über-Ich und Ich-Ideal ließ den Mittelklassen, Unterklassen und Bauern immer mehr Raum für Gewaltausbrüche als etwa das englische oder französische Muster.

Im Grunde versuchten Sie, wie es scheint, die Gewalttätigkeit Deutschlands zu erklären – daß es ein gefährliches Land war.

Nein, das hätte ich nie gesagt. Wohl aber, daß es ein gefährliches Potential gab. Ein solches Potential gab es sicher.

So paßt das Buch Über den Prozeß der Zivilisation *auch in die Zeit, in der es entstand. Es ist nicht nur ein Buch über Frankreich im 18. Jahrhundert, sondern auch ein Buch, das von einem deutschen Flüchtling am Vorabend des Zweiten Weltkriegs in London geschrieben wurde.*

Zweifellos hängt das miteinander zusammen. Das ganze Problem der Zivilisation war damals ja sehr akut geworden. Aber zugleich hatte ich das Gefühl, daß ich meiner wissenschaftlichen Aufgabe untreu würde, wenn ich es nicht in einer völlig distanzierten Weise darstellte. Ich wollte eine Theorie entwickeln, deren Reichweite über die Erklärung der gegenwärtigen Ereignisse hinausging. Es war gewiß nicht meine Aufgabe, anzuklagen, sondern ich wollte zeigen, daß man als Soziologe gültige und dauerhafte Erklärungen geben kann.

Wie würden Sie Ihre eigene Theorie auf die Geschehnisse in Deutschland von, sagen wir, 1930 bis 1940 anwenden? In der Weimarer Republik kommen die Privatarmeen auf, das Gewaltmonopol des Staates wird schwächer und schwächer, und die Menschen verhalten sich immer unzivilisierter zueinander. Dann kommen die Nationalsozialisten an die Macht, der Staat wird immer stärker und immer einheit-

licher, und in Deutschland herrschen wieder geordnete Zustände. Gleichzeitig verhalten sich die Menschen barbarischer als je zuvor. Mit anderen Worten: Was für eine Beziehung besteht zwischen dem Zivilisationsprozeß und dem totalitären Staat?

Was Deutschland betrifft... Die Deutschen haben, im Gegensatz zu Franzosen, Holländern oder Engländern, vom 16./17. Jahrhundert bis zum Ersten Weltkrieg ununterbrochen unter einem absolutistischen Regime gelebt. Noch im Kaiserreich waren die Fürsten sehr präsent; obwohl es bereits Parlamente gab, ernannten sie die Minister.

Dann wurde die alte Obrigkeit durch die Niederlage von 1918 hinweggefegt, und nach der sogenannten Revolution hatte man plötzlich eine Persönlichkeitsstruktur, die auf Gehorsam und Selbstzwang gegenüber einem starken Herrscher abgestimmt war, in einem Staat, in dem – ich übertreibe ein wenig – der äußere Teil des Über-Ichs weggefallen war. So kam es, daß viele Deutsche in der Weimarer Republik nach dem starken Mann zu rufen begannen – dem starken Mann, der ihnen wieder die Möglichkeit geben würde, sich selbst zu beherrschen. Sie hatten nicht gelernt, das von sich aus zu tun. Noch einmal, ich übertreibe; aber dasselbe läßt sich heute bei den Russen beobachten: Die Russen hatten einen Zaren und waren an die Knute gewöhnt, und jetzt haben sie einen roten Zaren, der weiterhin, wenn sie nicht gehorchen, Fremdzwang gebraucht.

Ein solches Regime führt nicht zum Aufbau eines Über-Ichs – oder, um es jetzt genauer zu sagen: es führt nur zum Aufbau eines Über-Ichs in bestimmten Sphären. Man muß also den Freudschen Über-Ich-Begriff ergänzen und hinzufügen, daß das Über-Ich ungleichmäßig oder lückenhaft sein kann. Es kann zum Beispiel sehr stark sein im Hinblick auf Familie, Sexualität und so weiter und zugleich im politischen Bereich fehlen. Das war in Deutschland wirklich der Fall.

Außerdem war da natürlich der Klassenkampf; das Marxsche Modell ist an diesem Punkt völlig zutreffend. Das Ende des Krieges 1918 brachte einen Machtzuwachs der Arbeiterklassen, der für die Masse des deutschen Kleinbürgertums, der Mittelklassen und des Adels unerträglich war; er raubte ihnen ihr ganzes Selbstwertgefühl. Das kam noch zu der besonderen Struktur eines Gewissens hinzu, das im Sinne mancher Aspekte der Moral sehr stark, politisch aber kaum entwickelt war. So wurde etwa das Parlament als »Schwatzbude« bezeichnet, und »Kompromiß« war im Deutschen ein Schimpfwort.

Und am Ende bekamen sie ihren starken Mann.

Genau.

Glauben Sie, daß ein absolutistischer Herrscher für einen Zivilisationsprozeß gut ist?

Ein absolutistischer Herrscher kann gut sein für die Zivilisierung einer Elite; es hängt vom Entwicklungsstadium der Gesellschaft ab. Im 17. Jahrhundert hatte der absolutistische Herrscher großen Einfluß auf die Entwicklung eines Selbstzwangs der Höflinge, indem er den Adel zwang, sich von Kriegern in Höflinge zu verwandeln; und das Hofleben erforderte einen hohen Grad von Selbstzwang.

In Deutschland dagegen bekamen die Menschen nie die Chance, gewaltlos mit Konflikten umzugehen; alle Konflikte wurden durch Befehl von oben geregelt. Der Parlamentarismus aber ist im wesentlichen eine Form der Regelung von Konflikten ohne Gewaltgebrauch, und das hatten die Deutschen nie gelernt. Er verlangt eine enorme Selbstbeherrschung. Die Techniken, die dafür nötig sind, können sich unter einem absolutistischen Regime nicht entwikkeln.

Wenn man die beiden absolutistischen Regimes miteinander vergleicht, war dann das Kaiserreich nicht doch zivilisierter als Hitlers Reich?

Ja, relativ betrachtet war es das zweifellos. Verglichen mit dem Kaiserreich war das Dritte Reich eine Vulgarisierung.

Dann wäre es vielleicht für Deutschland besser gewesen, wenn der Kaiser an der Macht geblieben wäre.

Das meine ich auch, ja. Wahrscheinlich wäre dann Hitler nie gekommen – obwohl man dessen nicht sicher sein kann: in Italien hat der König Mussolini geholt. Und außerdem war der deutsche Kronprinz leider ein besonders dummer Mensch.

Auf der anderen Seite ist es sehr charakteristisch für die Angewiesenheit des deutschen Gewissens auf einen Fremdzwang, daß Ebert, der Sozialdemokrat, sich bereit erklärte, einen Sohn des Kronprinzen oder einen der anderen Kaisersöhne auf dem Thron zu akzeptieren, wenn nur der Kaiser und der sehr unpopuläre Kronprinz abdankten. Das Kaiserhaus lehnte diesen Vorschlag törichterweise ab. So hätte, wenn es nach Eberts Willen gegangen wäre, Deutschland einen Kaiser behalten. Und er war damals der Führer der stärksten politischen Partei!

So fügen sich verschiedene Steine des Bildes zusammen: Es war in der Hitlerzeit, als Sie über Ludwig XIV. schrieben, und das hatte in gewisser Weise mit dem Kaiser zu tun.

Alle diese Erfahrungen sind eingeflossen. Aber Sie dürfen natürlich nicht außer acht lassen, daß es mir auch darum ging, eine wissenschaftliche Theorie für Dinge auszuarbeiten, die bis dahin brachgelegen hatten.

Und 1939 erschien das Buch Über den Prozeß der Zivilisation.

Ja, ich hatte unglaubliches Glück. Zuerst verschwand der Verleger, ohne den Drucker zu bezahlen – mein Vater mußte die Kosten übernehmen. Dann wurde meinem Vater, wie allen Juden, allmählich die Verfügung über sein Vermögen entzogen; er mußte bei den Behörden eine Genehmigung einholen, damit er den Druck des zweiten Bandes von seinem Konto bezahlen konnte. Und als auch der zweite Band fertig war, gelang es mir, einen Verleger in der Schweiz zu finden, der bereit war, das Buch herauszubringen, wenn er die Druckbögen geliefert bekäme. So mußte mein armer Vater wieder zu den Nazi-Behörden gehen und sie um eine Exportlizenz für den Drucker bitten. Alles das hat er noch erreicht. Ohne die Hilfe meines Vaters hätte ich das Buch nicht veröffentlichen können. Ich denke oft, daß es nur um Haaresbreite gerettet wurde.

Ich glaube, der erste Band erschien 1938, der zweite 1939. Wie hoch die Auflage war, weiß ich nicht mehr. Aber als ich nach dem Krieg den Verleger besuchte, sagte er mir: »Sehen Sie, es füllt mir den Keller, könnten wir es nicht verramschen? Niemand will es kaufen.«

Erinnern Sie sich an den Beginn des Zweiten Weltkriegs?

Ich weiß noch, wie Chamberlain aus München zurückkam – *peace, peace,* daran erinnere ich mich. Und an den herrlichen Frühling, als 1940 der Angriff im Westen einsetzte. Ich hatte damals eine Stelle an der *London School of Economics,* mit der ich nach Cambridge evakuiert wurde. Dort führten wir das friedlichste Leben, stakten in Booten auf dem Fluß – ein besonderer Sport in Cambridge, der *punting* heißt –, und dann trank man in einem Vorort Kaffee und Tee. Es war ein überaus friedlicher »Scheinkrieg«.

In Cambridge blieb ich einige Monate, bis ich mit den anderen Deutschen interniert und auf die Isle of Man gebracht wurde. Meine Internierungszeit, die acht Monate dauerte, war in gewisser Weise sehr fruchtbar für mich, weil ich mich damals in englischen Vorlesungen üben konnte. Es saßen noch andere Leute von der *L.S.E.* im Lager. C. P. Snow, der Schriftsteller, und der Soziologe Ginsberg haben mir geholfen, wieder herauszukommen.

Nach meiner Rückkehr nach Cambridge fand ich immer mehr Zugang zu Engländern und zur englischen Gesellschaft. So freundete ich mich mit C. P. Snow an, der jede Woche im Christ College einen Empfang hatte. Auch die Glucksmans, Freunde von früher, waren in Cambridge. Das war die Phase, in der ich meine ersten, starken Eindrücke von der englischen Kultur und Zivilisation erhielt.

Wie lange sind Sie in England geblieben?

Bis circa 1970, würde ich denken. Es war eine sehr allmähliche, gleitende Ablösung.

Praktisch lebte ich dort von 1935 bis 75, also 40 Jahre, die nur von meiner Zeit in Ghana unterbrochen wurden. Es ist darum kein Wunder, daß die englische Tradition und Zivilisation tiefe Spuren in meinem Denken hinterlassen hat.

Fühlten Sie sich je als Engländer?

Nein – ganz unmöglich. Ich fühlte mich als britischer Staatsbürger, aber das ist etwas anderes. Kein Engländer würde sagen, daß ich ein Engländer bin. Ein Engländer ist jemand, der in England geboren wurde.

Haben Sie einen britischen Paß?

Ja, ich habe die britische Nationalität. Aber ich könnte mich nie als Engländer bezeichnen.

Haben Sie auch noch die deutsche Nationalität?

Nein. Obwohl ich sie haben könnte, jederzeit, wenn ich will.

Es gab damals viele emigrierte deutsche Intellektuelle wie Sie in England, Mannheim zum Beispiel. Hatten Sie Kontakt mit ihnen?

Mit Mannheim stand ich immer noch auf gutem Fuß, aber unser Kontakt war nicht mehr eng. Als ich ihn zum letzten Mal sah, hatte er gerade einen neuen Lehrstuhl bekommen, der eigens für ihn geschaffen worden war, als Professor für Bildungssoziologie. Das war der Grundstein für dieses ganze Gebiet in England.

Ein sehr guter Freund von mir war der Psychoanalytiker Fuchs, der sich dann Foulkes nannte und den ich schon aus Frankfurt kannte. Drei oder vier Jahre lang hatten wir einen kleinen Arbeitskreis in seinem Haus und bereiteten sozusagen die gruppenanalytische Bewegung vor, die er in Gang bringen wollte. Ich war der einzige Soziologe in dem Kreis, die anderen waren alle Psychiater. Aber vermutlich war das schon nach dem Krieg.

Hatte Maxwell Jones von der Therapeutischen Gemein-
schaft auch etwas damit zu tun?

Ich kannte ihn, aber er gehörte zu einer anderen Richtung. Er experimentierte damals mit einer selbstbestimmten Gemeinschaft von, ich glaube, leichten Straftätern. Ein- oder zweimal habe ich sein Heim besucht, um ein Psychodrama zu beobachten; es war sehr eindrucksvoll.

Dann gab es noch die Gruppe an der Tavistock-Klinik, Bion und so weiter. Die Tavistock-Leute waren viel mehr Kleinianisch orientiert, wenn Ihnen das etwas sagt. Melanie Klein war tatsächlich die Mutter der englischen Psychoanalyse, da so viele englische Analytiker von ihr analysiert worden sind. Fuchs stand näher bei Anna Freud als bei Melanie Klein – zwischen den beiden Frauen herrschte eine starke, vielleicht nicht gerade Konkurrenz, aber doch Rivalität.

Es gelang Fuchs, eine Schule der Gruppenanalyse zu begründen, das heißt, die individuelle Psychoanalyse auf Gruppen zu übertragen. Bei einem solchen Vorhaben war eine enge Zusammenarbeit mit Soziologen von größter Bedeutung, und ich war dieser Soziologe. In der ersten Auflage seines Buches über Gruppenanalyse bedankt sich Fuchs bei mir. Ich glaube, daß ich einen gewichtigen Einfluß auf die Theorie dieser Art von Gruppentherapie ausgeübt habe. Noch heute gehöre ich als eines der Gründungsmitglieder der *Group Analytic Society* an und bekomme, ohne Beiträge zu bezahlen, all ihr Material.

Worin bestand Ihr Einfluß auf Foulkes genau?

Ein zentraler Punkt meines Denkens, den ich ihm vermittelte und den er für die Technik der Gruppenanalyse übernahm, war die Erkenntnis, daß man Individuum und Gesellschaft nicht trennen kann, daß sie lediglich zwei verschiedene Beobachtungsebenen darstellen. Gruppenvorgänge haben bestimmte Eigentümlichkeiten, die sich von denen individueller Vorgänge unterscheiden, aber man muß immer beide Ebenen betrachten.

Ich hatte damals bereits ein zweites Büchlein geschrieben, *Die Gesellschaft der Individuen,* in dem ich klarzumachen versuchte, daß eine Gesellschaft zwar aus Individuen besteht, daß aber die soziale Ebene ihre eigenen Regelmäßigkeiten besitzt, die nicht einfach auf die Individuen zurückgeführt werden können. Diesen Gedanken übertrug ich dann auf die Gruppenanalyse.

Etwas später habe ich auch selbst Gruppen geleitet. Ich machte eine Ausbildung in Gruppenanalyse und ging etwa ein Jahr lang in eine der Lehrgruppen von Fuchs.

Waren Sie auch in Einzelanalyse?

Ja, das war in derselben Zeit, nach dem Krieg. Es war sehr schwierig für mich, weil ich nicht genug Geld hatte. Trotzdem wurde ich von einer sehr guten, orthodox-freudianischen Analytikerin angenommen – mehr in der Richtung von Anna Freud. Ich bin wirklich ein Stück weit in der orthodoxen Tradition großgeworden.

Können Sie sagen, warum Sie in Analyse gehen wollten?

Nun ja… Der unmittelbarste Grund war, daß ich sehr langsam schrieb. Ich litt darunter, daß ich nicht mehr produzieren konnte, obwohl ich so viele Ideen hatte.

Die Analyse lief über mehrere Jahre, die exakte Zeit habe ich vergessen. Es gab auch einige Pausen, wenn ich die Stunden nicht bezahlen konnte. Die längste dauerte etwa ein halbes Jahr, und kurz danach starb meine Analytikerin. Das war sicher nicht hilfreich.

Sind Ihre Störungen durch die Analyse gebessert worden?

Ich bin mir nicht bewußt, daß sich mein Leben dadurch verändert hat. Aber vielleicht ist das die erfolgreichste Analyse, wenn man das Gefühl davonträgt, daß sie überhaupt nichts geholfen hat, daß man es alles selbst getan hat.

Ich weiß nicht, welche Wirkungen sie bei mir hatte. Nur das Eine kann ich sagen, daß der Tod meiner Analytikerin sehr traumatisch für mich war – eine Wiederholung des traumatischen Todes meiner Mutter. Aber seitdem bin ich allein zurechtgekommen. Das ist auch meine Überzeugung, daß die Analyse eine große Hilfe ist und manchmal ganz unentbehrlich, aber soweit man kann, sollte man sich selbst helfen.

Wann haben Sie London verlassen?

Das war 1954. Ich arbeitete damals schon einige Jahre in der Erwachsenenbildung. Nun bekam ich zwei Angebote für eine *lectureship* in Soziologie, eines aus Leicester und ein anderes aus Leeds. Charakteristischerweise gingen beide von Leuten aus, die selbst Flüchtlinge waren, aber jünger als ich, und die darum ihre Ausbildung an einer englischen Universität gemacht hatten. Ich entschied mich für Leicester, wo Neustadt saß, der aus Odessa stammte. Es war eine der neuen Abteilungen für Soziologie, die damals in England entstanden. Ich half mit, die Abteilung in Leicester aufzubauen.

Tat es Ihnen leid, daß Sie aus London wegmußten?

Ja, gewiß; aber Leicester war eine hübsche, saubere Mittelstadt und hatte außerdem den Vorteil, daß man an einem Tag nach London und wieder zurück fahren konnte.

Und dort bauten Sie nun eine Abteilung auf.

Zu einem erheblichen Teil, ja. Ich hatte einen guten Kontakt zu Studenten und machte sehr gern die Einführung in die Soziologie. Das ist eine der größten Enttäuschungen meines Lebens, daß ich einen ausgezeichneten Einführungskurs entwickelte, für das erste Studienjahr, den ich etwa zehn Jahre lang hielt; und dann, als ich wegging, wurde er immer mehr verwässert und verfiel.

Ich habe auch darauf geachtet, daß nur wirklich begabte Menschen Assistenten wurden, was zu dem sehr merkwürdigen Ergebnis führte, daß Leicester, nach London, zum hauptsächlichen Lieferanten für Soziologieprofessoren in England wurde. Viele der Leute, die bei uns Assistenten waren, sitzen heute auf einem Lehrstuhl.

Traurig finde ich allerdings, daß fast keiner von ihnen meinen Ansatz weiter verfolgt hat. Die meisten betrachteten mein Denken in langfristigen Prozessen als eine Außensei-ter-Position; und sie hatten ja nicht unrecht, denn es hätte sie vielleicht ihre Karriere gekostet, wenn sie daran angeknüpft hätten. Es war in der Soziologie gar nicht Mode, in langfristigen Prozessen zu denken.

Wollten Sie selbst keine Karriere machen?

Ich hatte keine Chance.

Warum nicht?

Nun, ich selbst halte mich in der Soziologie für ziemlich innovatorisch, und all diese Innovationen waren damals im Grunde nicht akzeptabel. Wann immer ich in einem meiner jährlichen Vorträge vor dem Mitarbeiter-Seminar eine ungewohnte Idee vorbrachte, hatte das eine sehr feindselige Auseinandersetzung mit der jüngeren Generation zur Folge.

Können Sie ein Beispiel nennen?

Ja. Einer dieser Vorträge handelte von den persönlichen Fürwörtern. Darin sagte ich, daß man als Soziologe die Dinge aus der Ich-Perspektive, aus der Er/Sie-Perspektive, aus der Wir-Perspektive und aus der Perspektive der dritten Person Plural sehen muß – und zwar alles gleichzeitig. Ich meine, das ist ein sehr guter Gedanke, aber so etwas fand keinen Anklang; in der englischen Tradition gibt es eine starke konservative Ader.

Die jungen Leute in der Abteilung betrachteten meine innovatorischen Ideen vermutlich als kontinentale Marotten – ohne dabei je taktlos zu werden. Sie widersprachen mir heftig: kaum hatte ich zu Ende geredet, ging der Kampf los, und das ganze Mitarbeiter-Seminar spaltete sich in zwei feindliche Lager. Ich erinnere mich noch, wie eben dies nach meinem Vortrag über Popper geschah. Ich hatte Popper angegriffen, den großen Popper, und das war natürlich unerhört von jemand, der so wenig bekannt war wie ich.

Popper ist übrigens einer der Menschen von kontinentaler Herkunft, die in England festen Fuß gefaßt haben. Aber um das zu erreichen, muß man wohl vom englischen Establishment sozial akzeptiert werden, und darum habe ich mich nie bemüht. Mein einziger Kontakt in dieser Richtung war die Bekanntschaft mit C. P. Snow, die aber erlosch, als ich von London nach Leicester zog. So blieb ich eine Person dritten Ranges. Vielleicht sollte ich hinzufügen, daß ich das ohne tiefe traumatische Folgen tragen konnte, einfach aufgrund einer gewissen Zähigkeit, die ich offenbar im Kern besitze. Ich habe nie den Glauben an mich selbst verloren – den Glauben, daß ich etwas relativ Bedeutendes leisten könnte. Dieser Glaube ist durch nichts erschüttert worden.

Wie kommt das?

Eine solche Frage ist nicht zu beantworten. Wenn Sie so wollen, blieb mir immer die Sicherheit, die mir meine Eltern gegeben haben, erhalten.

Ich habe nie die Flinte ins Korn geworfen. Das Mitarbeiter-Seminar war immer der Brennpunkt des ganzen; nach jedem aggressiven Zusammenstoß brachte ich das nächste Jahr wieder etwas Neues, und jetzt wird das eine oder andere Stück erscheinen.

Was ich an alledem selbst nicht gut verstehe, ist, daß ich mein Leben ja nie geplant habe. Ich bin hindurchgegangen wie der Reiter über den Bodensee, ohne Angst, daß ich einbrechen könnte. Das ist mein Lebensgefühl.

In den fünfziger Jahren waren Sie eine unbedeutende Figur. Wann hat sich das geändert?

Ich war ein Außenseiter, und das änderte sich erst, nachdem ich England verlassen hatte. Auch dieser Schritt war im übrigen nicht geplant – ich habe nicht eines Tages beschlossen, aus England wegzugehen, sondern bin da hineingetrieben. Ich wurde zu Gastvorlesungen nach Holland eingeladen, ich wurde nach Deutschland eingeladen, und so kam es sehr allmählich im Lauf vieler Jahre, daß ich mehr in Deutschland als in England lebte. Schließlich gab ich mein Haus in Leicester auf.

Aber davor lebten Sie noch in Ghana. Wann war das?

Das muß 1962 gewesen sein. Neustadt hatte einige Verbindungen nach Ghana und bekam eine Anfrage von dort, daß sie jemand brauchten, der den Lehrstuhl für Soziologie zwei bis drei Jahre lang übernehmen könnte. Er zeigte mir den Brief, und ich sagte: »Das mache ich.« Viele meiner Freunde hielten mich für verrückt – schließlich war ich schon über 60. Aber ich habe eine immense Neugierde auf Unbekanntes, also ging ich nach Ghana.

Wie fanden Sie es dort?

Es war eine großartige Erfahrung, und ich habe dadurch eine tiefe Zuneigung zur afrikanischen Kultur gewonnen.

Ich hatte immer die Vorstellung, daß unser Verständnis der griechischen Zivilisation, die mir vom humanistischen Gymnasium her vertraut war, getrübt ist, weil wir uns nicht wirklich klarmachen, daß es sich dabei um eine relativ – ich möchte nicht sagen: primitive Gesellschaft, aber um eine Gesellschaft auf einer anderen Entwicklungsstufe handelt. So wissen wir, daß die Griechen ihren Göttern Stiere opferten. Für uns ist das Literatur, und wir sehen auf dem Parthenonfries, wie der Stier zum Altar geführt und geopfert wird. Aber ich wollte das alles einmal mit eigenen Augen sehen – die hervorquellenden Eingeweide, das spritzende Blut. Ich denke, das ist eine Erfahrung, die wir als zivilisierte Menschen, auf unserer Zivilisationsstufe, nicht mehr reproduzieren können; es ist ganz falsch, daß wir diese Dinge nur als literarische Metaphern auffassen.

Ich wußte, daß ich in Ghana magische Handlungen würde *sehen* können, daß ich Tieropfer würde sehen können, in vivo, und tatsächlich habe ich dort vieles erlebt, wovon die Erfahrung in entwickelteren Gesellschaften farblos geworden ist. Es hatte natürlich mit meiner Theorie von Zivilisationsprozessen zu tun: die Emotionen waren stärker und unmittelbarer.

Wo wohnten Sie in Ghana?

Auf dem Campus, eine Dreiviertelstunde Autofahrt von der Hauptstadt Akkra entfernt. Die Universität war nach dem Vorbild von Oxford und Cambridge eingerichtet. Man trug Talare, auch die Studenten, die Professoren aßen an der erhöhten Tafel. Ich hatte meinen eigenen Wagen mit Chauffeur und meinen eigenen Koch – alles viel stilvoller, als ich es aus Leicester gewohnt war.

Und wo fanden Sie die primitive Kultur, nach der Sie suchten?

Das Wort »primitiv« würde ich nicht gebrauchen, ich schätze es nicht – »einfacher« ist das richtige Wort, im Sinne von »weniger differenziert«.

Aber gut ... Ich habe viel Feldforschung mit meinen Studenten getrieben. Ich begann, afrikanische Kunst zu sammeln, und einige meiner Studenten nahmen mich zu Besuch nach Hause mit. Dort mußte ich lernen, wie formalisiert und ritualisiert das ghanaische Leben ist: der Student stellte sich hinter dem Stuhl seines Vaters auf und verhielt sich ihm gegenüber fast wie ein Diener. Die Familienautorität des alten Typs ist in Ghana noch sehr in Kraft.

Ich erinnere mich auch, wie ich mit meinem Chauffeur durch den Urwald fuhr, bis wir – mitten im Wald – ein großes Dorf erreichten. Dort sah ich zum ersten Mal, was es bedeutet, wenn kein elektrisches Licht vorhanden ist; stattdessen gab es Hunderte von kleinen Flammen aus Lämpchen, die jeder bei sich trug. Die Menschen waren noch auf der Straße, viele Dinge geschahen auf der Straße. »Ein weißer Mann ist gekommen!« – und dann umringten sie mich und fragten mich, woher ich kam und wo meine Frau war. Das war immer eine der ersten Fragen: »Wo haben Sie Ihre Frau gelassen? Wo sind Ihre Kinder?« Daß ich keine Frau hatte, fanden sie unverständlich, unvorstellbar.

Eines meiner eindrucksvollsten Erlebnisse hatte ich im Zusammenhang mit der Planung des neuen Elektrizitätswerkes am Volta. Die Regierung mußte die Bewohner einer Reihe von Dörfern darauf vorbereiten, daß ihr Dorf in dem großen Stausee, der dabei entstand, verschwinden würde. So fuhr ich fast eine Woche lang mit dem Leiter der ghanaischen Sozialbehörde von Dorf zu Dorf. Er berief eine Versammlung ein und erklärte den Menschen, daß das Wasser kommen und ihr Dorf überfluten würde und daß die Regierung ihnen anderes Land anbieten würde. Diese Situation, manchmal auch abends, vor dem Haus des Häuptlings, ist mir unvergeßlich. Besonders die heftigen Diskussionen: Was wird aus unseren Ahnen werden? Was aus den lokalen Göttern? »Es wird nicht geschehen«, so sagte man, »es kann nicht geschehen; es ist noch nie geschehen, daß das Wasser so weit gestiegen ist, wir liegen zu hoch.« Sie konnten nicht begreifen, was ein Elektrizitätswerk war. Dann meinten die Jüngeren: »Ziehen wir eben um!« Sie saßen etwas außerhalb des Kreises – der innere Kreis wurde von den Alten gebildet –, und dann sagte der Häuptling: »Wir ziehen nicht um!«, und am Ende einigte man sich auf einen Kompromiß: die Regierung würde ihnen drei Ochsen schenken, die sie den Ahnen opfern konnten, um sie zu besänftigen, und sie würde ihnen Land geben, das genauso fruchtbar war wie ihr jetziges.

Ich muß es Nkrumah zugute halten, daß er drei Jahre vor dem Ereignis einen hohen Regierungsvertreter durch die betroffenen Dörfer schickte, um die Menschen in langen Diskussionen darauf vorzubereiten.

Was haben Sie in Ghana gelernt, über Menschen und ihr Zusammenleben?

Viel, sehr viel. Ich möchte fast sagen, es ist eine unverzichtbare Erfahrung für einen Menschen wie mich. Zum Beispiel war ich immer der Ansicht, daß man die Theorie, die uns Freud hinterlassen hat, weiterentwickeln müsse. Ich dachte mir, daß die Über-Ich-Bildung, und auch die Ich-Bildung, in einfacheren Gesellschaften von der unseren verschieden sei, und diese Erwartung wurde in Ghana vollauf bestätigt.

Ich meine... Um sich selbst zu zügeln, genügt es nicht, sich einfach auf die eigene innere Stimme zu verlassen. Menschen können nicht überleben, wenn sie sich nicht von früh an einen Selbstzwang auferlegen; aber dafür müssen sie sich vorstellen, daß es Wesen außerhalb ihrer gibt, die sie zwingen, dies oder jenes zu tun. Man sieht es überall, wenn man in ein solches Land geht. Jemand findet am Strand eine seltsam geformte Muschel; die nimmt er dann mit sich, und sie wird sein persönlicher Fetisch, den er um Hilfe bitten kann.

Die Menschen leben auf dieser Stufe in einer viel größeren Unsicherheit als wir. Sie sind viel größeren Gefahren ausgesetzt, etwa Gefahren der Krankheit; das Unerwartete kann sie weit mehr überfallen als uns, und darum benötigen sie einen Schutz, den ihnen nur Götter oder Geister zu bieten vermögen. So kann ein Dorf fünfzig verschiedene Götter haben, und außerdem noch jeder Haushalt seine privaten Götter. Wenn man das auf die Persönlichkeitsstruktur überträgt, muß man den Schluß ziehen, daß ihr Über-Ich anders aufgebaut ist als bei uns, denn all diese Götter und Geister sind Repräsentanten ihres Über-Ichs.

Die Ichstruktur ist noch sehr viel durchlässiger für Es-Impulse, die Grenze zwischen Phantasie und Wirklichkeit noch nicht so scharf und fest wie bei uns.

Vieles von dem, was Sie über Afrika sagen, läßt an Kinder denken.

Aber dann verkennen Sie, wie anders es ist... Es gibt gegenüber einer solchen Erfahrung zwei Einstellungen, die ich beide für falsch halte. Die erste ist – die übliche kolonia-listische Einstellung: daß wir rationaler sind, fortgeschritte-ner, und daß sie einfach irrationaler sind, kindlicher. Wir sind, mit einem Wort, besser. Die zweite, ebenso falsche Einstellung betont, wieviel besser es ist, wenn man seinen Gefühlen und Affekten freien Lauf lassen kann. Es ist in der Tat farbiger und leicht zu romantisieren.

Meine eigene Einstellung unterscheidet sich, glaube ich, von beiden. Ich sehe ganz klar, daß unsere Lebensweise nur möglich ist, weil unsere physische Sicherheit unvergleich-lich viel größer ist als die ihre. Wenn wir in einer ähnlichen Unsicherheit lebten, würden wir ebenfalls die Hilfe unsicht-barer Mächte suchen. Denn Menschen können nicht überle-ben, wenn sie immerzu, in jedem Moment Gefahren ausge-setzt sind, die sie nicht zu kontrollieren vermögen.

Ich zeichne hier natürlich ein einseitiges Bild. Zweifel-los gibt es viele Ghanaer, die auf demselben intellektuel-len Niveau stehen wie wir – eine Oberschicht, die nicht we-niger gebildet und selbstbeherrscht ist. Aber wenn ich an die Masse der Menschen denke, sehe ich immer noch die kleinen Altäre überall in den Häusern vor mir. Oder ich erinnere mich, wie ich einmal, bei der Feldforschung, den Häuptling fragte, was wir tun sollten, und sein Rat war: »Gehen Sie zuerst zu der weisen Frau, um ihren Segen zu erlangen.« Das taten wir dann auch, drei Studenten und ich. Auf dem Tisch der Frau standen die Fetische, und sie rief die kleinen Waldmänner an, damit sie uns und unsere Arbeit segneten.

Hat sich durch solche Erfahrungen Ihre Sicht der Religion geändert?

Nicht im geringsten, nein. Ich habe und hatte weder die aufgeklärte Verachtung für die Religion noch die romanti-sche Sehnsucht nach ihr. Mir war immer bewußt, daß Men-schen unter bestimmten Umständen das Bedürfnis nach Religion haben können – aber ich habe es nicht.

Hatten sie es nie?

Doch, als Kind ... Ich glaube, der Erste Weltkrieg war die Wasserscheide. Von allem, was ich dort sah, kam ich mit der Erkenntnis zurück, daß nur Menschen den Menschen helfen können und nur ich mir selbst.

Liebten Sie die afrikanische Kunst schon, bevor Sie nach Ghana gingen?

Nein, ich lernte sie erst dort richtig schätzen. Im Lauf der Zeit mußte ich lernen zu unterscheiden, was ein gutes und echtes Stück ist und was nicht.

Können Sie etwas genauer sagen, was Sie daran fasziniert hat?

Im Grunde dasselbe wie an Picasso. Sie kennen gewiß die Beziehung zwischen afrikanischer Kunst und der Kunstentwicklung in Europa.

Ich habe eine sehr große Affinität zur zeitgenössischen Malerei und Bildhauerei, die sich noch vertiefte, als ich die afrikanische Kunst für mich entdeckte. Diese Kunst spricht die Emotionen viel stärker und direkter an als die traditionelle Kunst des 19. Jahrhunderts oder die der Renaissance. Und das paßt sehr gut zu meiner ganzen Theorie von Zivilisationsprozessen; denn in der Renaissance fand ein enormer Zivilisationsschub statt, der sich nicht zuletzt in dem Versuch äußerte, Gemälde und Skulpturen so realistisch wie möglich zu machen. Im 20. Jahrhundert kam es dann zu einer Reaktion dagegen. Man kann es auch mit Freud in Zusammenhang bringen: Was in der Psychoanalyse geschehen ist, daß man sich auf einer neuen Ebene ein höheres Maß an Affektausdruck erlauben durfte, zeigt sich ebenso in der nicht-naturalistischen Kunst, die viel traumähnlicher ist. Afrikanische Skulpturen haben dieselbe Qualität. Da gibt es angsterregende Masken und freundliche Masken, aber sie alle sprechen stärker das Unbewußte an, wenn Sie so wollen.

Von Ghana gingen Sie wieder nach Leicester zurück.

Ja, das muß 1964 gewesen sein. Meine Stelle dort wurde von Jahr zu Jahr verlängert.

Und dann kam langsam der Erfolg.

Ich weiß nicht, ich habe es nie so gesehen, sehe es auch heute noch kaum. Natürlich ist mir klar, daß ich inzwischen in Deutschland und Holland sehr geachtet werde ...

Lassen Sie es mich so formulieren: Ich beginne zu glauben, daß ich einer Stufe nahe sein könnte, auf der nicht mehr die Gefahr besteht, daß das, was ich zu tun versuche, verloren gehen wird. Aber ich bin mir nicht absolut sicher, ob ich bereits über dem Berg bin. Wie Sie sehen, arbeite ich immer noch hart, und ich mache das in dem Bewußtsein, daß ich eine Situation herbeiführen muß, in der mein Werk tatsächlich zu einem Teil der soziologischen Tradition wird. Ich arbeite immer noch sehr daran, diese Stufe zu erreichen.

Wann waren die ersten Anzeichen eines Umschwungs bemerkbar?

Das weiß ich nicht. Ich habe bis heute eigentlich nicht das Gefühl, daß ich ganz verstanden werde. Es gibt so viele Themen in meinen Schriften, die nicht aufgegriffen worden sind. Ich habe noch nicht das Gefühl, daß ich meine Arbeit getan habe.

Das bloße Faktum, daß die Art von Theorie, die ich zu entwickeln versuche, verschieden ist von dem, was man traditionellerweise, nach physikalischen Vorbildern, als Theorie betrachtet, schafft enorme Mißverständnisse. Aber ich bin wirklich der Meinung, daß künftige Modelle in den Menschenwissenschaften mehr in der Richtung liegen werden, die ich eingeschlagen habe, als in der Richtung physikalischer Modelle. So hoffe ich immer noch, daß ich die Zeit haben werde, mehr zu schreiben, um mich besser verständlich zu machen.

Wenn Sie von Erfolg reden: Ich bin natürlich froh, daß ich

93

den Adorno-Preis bekommen habe und den Ehrendoktor der Universität Bielefeld; alles dies sind erfreuliche Anzeichen dafür, daß ich jetzt mehr Gehör finde. Trotzdem ist mir eine Phantasie geblieben, die ich schon länger habe – daß ich in ein Telephon spreche, und die Stimme am anderen Ende sagt: »Können Sie etwas lauter sprechen, ich höre Sie nicht«, und dann beginne ich zu schreien, und die andere Stimme sagt immer weiter: »Sprechen Sie lauter, ich kann Sie nicht hören.«

Aus welcher Zeit stammt diese Phantasie?

Ich denke, aus meiner Zeit in Leicester. Gewiß, die Stimme am anderen Ende sagt inzwischen: »Ich kann Sie jetzt besser hören, ein bißchen besser.« Aber eben immer noch nicht gut. Also muß ich deutlicher sprechen.

Spricht die Stimme in Ihrer Phantasie deutsch oder englisch?

Wie könnte ich diesen Unterschied machen? Ich glaube auch nicht, daß ich in Deutschland ganz verstanden worden bin. Anders ausgedrückt: Es ist nicht die richtige Frage, ob sie englisch, deutsch oder·holländisch spricht... Ich bin ein Reisender! Ich bin beides oder keines von beidem.

Wann sind Sie nach Deutschland zurückgekehrt?

Ich kann nicht wirklich sagen, daß ich nach Deutschland »zurückgekehrt« bin, denn es war ein sehr allmählicher Prozeß. Ich hatte eine Gastprofessur in Münster, und danach ging ich zurück nach England; dann hatte ich eine Gastprofessur für ein Jahr in Konstanz und ging ebenfalls wieder zurück, und so wurde ganz langsam etwas Permanentes daraus. Ich meine, ich kann nicht einen Tag angeben, an dem ich nach Deutschland zurückgekehrt bin, als Resultat eines bestimmten Beschlusses. Ich bin hineingeglitten. So war es immer in meinem Leben.

Um ehrlich zu sein, hat das ZiF in Bielefeld mehr dazu beigetragen als irgendetwas sonst, daß ich in Deutschland geblieben bin: das Schwimmbad, der Wald, die intellektuelle

Atmosphäre... Ich hätte immer gern in einem College gelebt, aber in England ist es mir nie angeboten worden.

*Deutschland ist schließlich so etwas wie Ihre Heimat,
mehr als ein anderes Land.*

Das ist schwer zu sagen – in kultureller Hinsicht bin ich
ein Deutscher, ja.

Und in welcher Hinsicht nicht?

Nun... ich bin natürlich sehr besorgt wegen des Po-
tentials an Feindseligkeit gegenüber Fremden, das in
Deutschland immer noch groß ist, auch wenn es sich heute
nicht gegen die Juden, sondern gegen die Gastarbeiter rich-
tet. Darum ist es sehr gut für mich, daß ich eine Wohnung in
Holland habe. Im Grunde bin ich ein Europäer.

Lassen Sie mich hinzufügen: Ich habe nie die Vorstellung
geteilt, daß man nur mit einem einzigen Land identifiziert
sein kann oder muß. Offenbar wollen Sie mich in eine
Schublade stecken, mich auf dies oder jenes festnageln, und
das geht in meinem Fall nicht. Es gibt mir zwar eine gewisse
Befriedigung, daß ich als deutscher Soziologe angesehen
werde, aber natürlich bin ich mehr als das.

Wenn man jemand nach der deutschen Soziologie fragen
würde, nach den vier bekanntesten deutschen Soziologen,
würde er zweierlei antworten – und so kann man es auch
hören –: daß ich einer von ihnen bin und daß ich ein völliger
Außenseiter bin. Das zweite gilt allerdings auch in bezug auf
die amerikanische, englische oder französische Soziologie.
Meine Ideen werden nur in sehr kleinen Kreisen anerkannt
und aufgegriffen.

*Betrachten Sie Ihre Arbeit, Ihre Schriften und Gedanken,
als den wichtigsten Teil Ihrer selbst?*

Das Wort »Teil« trifft es nicht: Meine Arbeit ist das Zentrum dessen, was ich für mich als sinnvoll empfinde. Das war
schon seit meiner Schulzeit klar – ich wollte forschen, wollte
ein Wissenschaftler der ein oder anderen Art werden und an
die Universität gehen. Das wußte ich schon sehr früh.

Sie haben Ihr ganzes Leben lang gern gearbeitet?

Das ist zu einfach ausgedrückt, denn das Arbeiten zu lernen ist harte Arbeit. Ich bringe mich zum Arbeiten, es war und ist ein schwerer Kampf, nichts, was von alleine kommt. Ich mußte immer wieder darum kämpfen, muß es heute noch.

Ich wünschte mir sehr, daß es leichter ginge. Oft muß ich dieselbe Sache achtmal neu schreiben.

Und was ist die Befriedigung dabei?

Daß es gut wird. Ich weiß dann, es ist wirklich gut, und das ist das einzige, was die Mühe lohnt.

Ja, ich bin dann zufrieden und fühle, daß ich mich nicht korrumpieren lasse. Vor kurzem – und das macht mich sehr ärgerlich – las ich in einer englischen Rezension, daß ich vielleicht der letzte Vertreter der klassischen Soziologie sei, einer, der die ganz große Synthese anstrebe, und so weiter. Es hat mich geärgert, weil ich lieber der erste wäre, der einen neuen Weg eröffnet. Ich bin immer wieder erschrocken, daß heute so viele Menschen den Mut verlieren, als ob nichts der Mühe wert sei. Dabei gibt es so viel zu tun, und so viele Menschen machen Unsinn oder sind intellektuell korrumpiert. Meine Erfahrung ist, daß ich allmählich etwas Neues sehe, was ich nicht wußte, und damit setze ich ein Beispiel: man *kann* es tun, und es lohnt die Mühe.

Ich finde diese Mutlosigkeit, diesen Nihilismus, diese Wehleidigkeit furchtbar.

Sie hatten Ihr ganzes Leben hindurch ein bemerkenswertes Selbstvertrauen.

Ich weiß nicht, ob es bemerkenswert ist, aber ich habe nie an meiner Sache gezweifelt.

Es ist doch sehr bemerkenswert, wenn jemand die Sicherheit hat, daß das, was er zu sagen hat, wichtig ist.

Ja, diese Sicherheit war da, auch wo ich gegen den Strom geschwommen bin, gegen alle, die Macht hatten. Wenn ich mir selbst etwas positiv anrechne, dann dies, daß ich mich nie durch irgendwelche Moden habe korrumpieren lassen. Ich habe mir nie erlaubt, etwas zu sagen, weil es modisch war.

Darauf bin ich heute wirklich ein bißchen stolz, daß ich nie nachgegeben habe – obwohl es sehr schwierig war. Ich war mir immer im klaren, daß die herrschenden Meinungen ein Schwindel sind. In England hätte ich ein viel leichteres Leben haben können, wenn ich die herrschenden Ideen akzeptiert hätte, aber ich ließ mich auf keine Kompromisse ein. Das konnte ich nicht.

Vielleicht ist es einfach eine Frage des Optimismus, so an die eigenen Ideen zu glauben.

Nein, keine Frage des Optimismus. Es ist die normale Arbeitsweise des Wissenschaftlers. Man hat ein Problem, und eines Tages weiß man: Ich habe die Lösung. Man hat sie sich nicht ausgedacht – man *hat* sie. Nehmen Sie das Beispiel Freuds: Woher hatte er seine Sicherheit? Er ist auch gegen den Strom geschwommen, es ist nicht gar so selten.

Aber Sie mußten doch sehr lange warten, bis sich der Erfolg einstellte.

Gut, ich habe eine große Beharrlichkeit. In der Tat. Aber Freud begegnete auch direkter Feindseligkeit, viel mehr als ich.

Dagegen ist leichter zu kämpfen als gegen die Stille.

Ja, das ist wohl richtig. Aber ich weiß, ich sehe Zusammenhänge, die viele andere Menschen nicht sehen, und habe darum die Pflicht, es zu sagen.

Früher war es viel selbstverständlicher, daß man durch wissenschaftliche Arbeit wirklich etwas herausfinden kann. Jetzt erscheint eine solche Einstellung ungewöhnlich, weil der Nihilismus so sehr im Schwange ist; das war damals anders. Ich bin in dieser Hinsicht ein Fossil aus einer früheren Zeit.

Man muß sich vor Augen halten, daß über Tausende von Jahren die Religion das Zentrum menschlicher Sinngebung war. Heute ist an dieser Stelle für viele ein großes Loch entstanden, und wir bieten ihnen keinen Ersatz. In dieser Situation möchte ich zeigen, daß man auch ohne Religion sehr sinnvoll leben kann. Es klingt vielleicht trivial, wenn ich es in so wenigen Worten zusammenfasse, aber ich empfinde es als eine unserer gegenwärtigen Hauptaufgaben, nicht zu lügen und nicht neue Vater- oder Mutterfiguren im Himmel zu schaffen. Darin sehe ich einen weiteren Schritt im Erwachsenwerden der Menschheit, und der Nihilismus ist für mich eine Haltung von Menschen, die nicht erwachsen werden wollen. Ich würde mir gern ein bißchen mehr Ruhe gönnen, aber es erscheint mir im Moment sehr dringend, darauf hinzuweisen, daß das Wachstumsschmerzen der Menschheit sind, daß wir eines Tages ohne imaginäre Vater- und Mutterfiguren auskommen und doch ein sinnvolles Leben für uns als Gesellschaft aufbauen müssen.

So beschrieben, erscheint Ihr Werk als Ausdruck eines Kampfes um Unabhängigkeit.

Sie können es nicht auf ein psychologisches Problem herunterspielen. Wenn Sie das meinen, muß ich Ihnen widersprechen. Hier handelt es sich um eine soziale Aufgabe. Sie verstehen mich völlig falsch, wenn Sie diese gewaltige soziale Aufgabe, die von der Religion hinterlassene Sinnlücke zu überwinden, auf ein Individuum beziehen.

Wir sind nicht »unabhängig«, niemand ist es, darum gebrauche ich das Wort auch nicht. Wir sind voneinander abhängig.

Sie haben immer Ihre Arbeit über Ihr sogenanntes »persönliches« Leben gestellt. Wollten Sie nie heiraten, Kinder haben?

Nun, ich merkte sehr bald, daß beides zusammen nicht geht: tun, was ich tun wollte, und verheiratet sein. Es besteht immer eine Rivalität.

War das eine schwere Entscheidung?

Ich zweifle, ob die Voraussetzung Ihrer Frage stimmt.

Solche Dinge sehen immer aus, als ob sie wohlüberlegt seien, aber da war nichts wirklich überlegt. Das Leben läuft anders ab. Vielleicht gibt es ja Menschen, die so leben und sich bewußt für diesen oder jenen Weg entscheiden – ich jedenfalls habe es nicht getan. Bei mir war das keine Entscheidung.

Aber haben Sie es nicht manchmal bedauert, daß Sie kein Vater geworden sind?

Nein, nicht ernsthaft. Ich meine, ich habe immer sehr gern Studenten unterrichtet, und das können Sie, wenn Sie wollen, einen Ersatz nennen. Das Unterrichten hat etwas Väterliches an sich.

Wir möchten noch einmal auf Deutschland zurückkommen. Sie müssen da doch auch sehr negative Gefühle haben. Schließlich hat Ihnen das Land viel Schlimmes zugefügt.

Ja, gewiß, aber es liegt mir nicht, den Antisemitismus mit Gleichem zu vergelten. Ich halte es für falsch und unrecht, eine ganze Menschengruppe zu verurteilen. Man hat das so lange mit den Juden gemacht, und ich bin nicht bereit, dasselbe zu machen, mit wem auch immer. Ich werde nicht wegen der Nazi-Zeit ein ganzes Volk, und das noch nach zwei oder drei Generationen, verurteilen.

Aber Ihre Mutter wurde ermordet, Ihre Laufbahn ruiniert.

Und trotzdem sage ich nicht, wenn ich einen Deutschen sehe, er ist der Mörder meiner Mutter. Es wäre ganz unrealistisch.

Vielleicht wäre es unrealistisch, aber es gibt doch auch so etwas wie Haß?

Nun, wie soll ich es ausdrücken... Hier am ZiF arbeitet zum Beispiel ein ehemaliger Nazi, der sich zu Anfang mir gegenüber sehr komisch benommen hat – er versuchte, nach der anderen Seite zu übertreiben. Ich blieb völlig neutral, distanziert. Dieses tiefe anti-deutsche Gefühl, das Sie zu haben scheinen, ist falsch.

Sie empfinden es offenbar als eine moralische Verpflichtung, darüber hinwegzukommen.

Nein, es ist auch eine Sache des Gefühls. Ich habe diese Gefühle, dieses Haßgefühl nicht.

Aber Sie müssen doch die Nationalsozialisten gehaßt haben?

Ja, ich habe sie gehaßt, aber zugleich hatte ich genug Distanz, um zu einer Versammlung mit Hitler zu gehen. Darauf war ich sehr neugierig.

Dann mußte das Schlimmste erst noch geschehen.

Das ist wahr, und was bleibt, ist die Trauer... Ich werde einfach das Bild nicht los, daß ich meine Mutter in einer Gaskammer sehe. Darüber kann ich nicht hinwegkommen.

Ich habe noch die letzten Briefe, die mir meine Mutter geschrieben hat, über das Rote Kreuz, als sie im ersten Konzentrationslager war. Von dort konnte man noch Briefe schicken. Zehn Worte durfte sie schreiben, mehr nicht.

Mein Gefühl ist da, und es ist sehr stark, auch nach vierzig Jahren, ich komme darüber nicht hinweg. Aber was soll ich tun, was denken Sie, daß ich tun könnte, wenn ich etwa jenem Mann begegne? Soll ich hingehen und sagen: »Sie sind ein Schuft, Sie haben meine Mutter ermordet«?

Ich würde sehr gern über die ganze Nazi-Geschichte schreiben, es ist noch so vieles ungeklärt.

Betrachten Sie sich noch als Juden?

Ja – das heißt, ich *bin* ein Jude, ein deutscher Jude, meinem ganzen Gepräge und auch meinem Aussehen nach. Wie Sie die Frage stellen, klingt es so, als ob ich eine Wahl hätte. Aber ich kann nur antworten: Ich habe keine Wahl, ich bin ein Jude, was immer ich sage oder tue.

Das erinnert mich an ein jüdisches Witzwort: Wenn ich schon ein Jude bin, dann kann ich auch gleich darauf stolz sein. Aber das meine ich nicht. Ich meine: ich bin nicht ein Jude, weil ich es will, sondern weil ich einer bin.

Sind Sie in derselben Weise auch ein Deutscher?

Ein deutscher Jude, das ist richtig. Wenn ich einfach sagen würde, ein Deutscher, wäre es nicht ganz richtig.

Eigentlich müßte ich sagen: Ich bin ein deutscher Jude, der dreißig Jahre in England gelebt hat. Alles das ist in mein Gepräge eingegangen, und alles das bin ich.

Eine letzte Frage noch: Gibt es einen Ort, wo Sie am liebsten sterben würden?

Nein, am Ort liegt mir nichts, nur einen schmerzlosen Tod hätte ich gern. Wenn ich hinfällig werde und für niemand mehr von Nutzen bin, möchte ich verschwinden. Aber wo das geschieht, ist mir gleichgültig.

Und wo wären Sie am liebsten begraben?

Das bin dann nicht »ich«.

Aber manchmal haben Menschen an diesem Punkt sehr genaue Wünsche.

Ich nicht, ich habe nicht einmal darüber nachgedacht. Mich beschäftigen die Probleme der Lebenden, und tatsächlich habe ich an einer Stelle geschrieben: »Tote Menschen haben keine Probleme.«

Norbert Elias mit Mutter (links) und einem Kindermädchen,
um 1906

Oben: Johannes-Gymnasium in Breslau
Unten: Norbert Elias, Jahr unbekannt

Oben: Erwachsenenbildung in London, kurz nach dem
Zweiten Weltkrieg (Elias rechts außen)
Unten: In Ghana, mit Koch (links) und Chauffeur

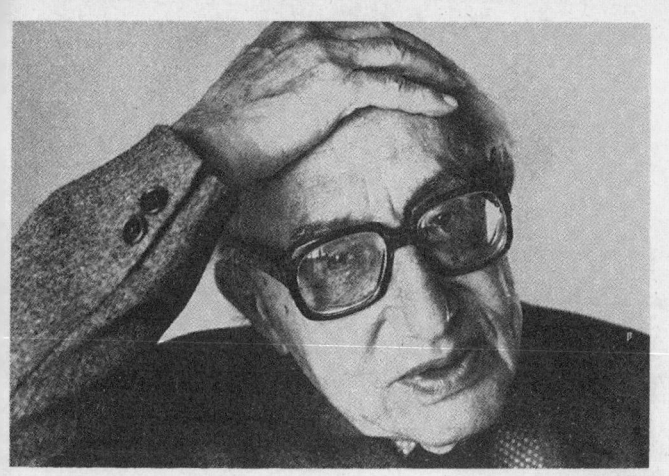

Norbert Elias, 1984 (Photo: Bert Nienhuis)

Norbert Elias
Notizen zum Lebenslauf

I. Von dem, was ich lernte

Vor vielen Jahren gab es auf einer Tagung englischer Soziologen eine Diskussion über die Schwächen und Stärken der
gegenwärtigen Soziologie, aus der mir eine kleine Episode
lebhaft in der Erinnerung geblieben ist. Barbara (später
Lady) Wootton, die damals Professor der Soziologie am
Bedford College der Londoner Universität war, rief im Laufe einer etwas erbitterten Rede den versammelten Soziologen
zu: »Und Sie sind ja alle keine richtigen Soziologen. Sehen Sie
sich um. Sie und Sie und Sie« – dabei zeigte sie auf einige der
Anwesenden –, »keiner von Ihnen hat jemals Soziologie studiert! Sie kommen alle von irgendwo anders her!«

Ich war zu dieser Zeit ein verhältnismäßig junger Exilso-
ziologe ohne Universitätsstellung in England (dem Barbara
Wootton übrigens viel geholfen hat mit Gastvorlesungen im
Bedford College und dergleichen). Ich stand damals auf und
wies darauf hin, daß es bei der bis vor kurzem recht geringen
Anzahl soziologischer Lehrstühle und Fachbereiche – in
England gab es deren vor dem Zweiten Weltkrieg im ganzen
Lande nur zwei – ja gar kein Wunder sei, wenn die wenigen
älteren Vertreter der Soziologie selbst noch nicht Soziologie studiert hätten. Die Soziologen der ersten Generation,
sagte ich, kämen notwendigerweise von woanders her.
Bei neuinstitutionalisierten Naturwissenschaften lasse sich
ähnliches beobachten. Die Gründe für die relativ späte
Rezeption der Soziologie als normales Studienfach jeder
Universität müsse ich Soziologen hoffentlich nicht erklären. Übrigens, fügte ich hinzu, sei auch ganz und gar nicht
gesagt, daß es für Soziologen notwendigerweise ein Nachteil sei, wenn sie zunächst etwas anderes als Soziologie,

also etwa Ökonomie oder Geschichte, studiert und sich Kenntnis der Soziologie und Verständnis für deren Problemstellung aus eigener Kraft erworben hätten. Es sei charakteristisch für ein falsch verstandenes Berufsethos zu postulieren, daß man Soziologie studiert haben müsse, und nichts anderes als Soziologie, um ein guter Soziologe werden zu können. Manchmal hätte ich den Eindruck, es komme der Fülle und Tiefe der soziologischen Vorstellungskraft sehr zugute, wenn deren Träger etwas anderes als nur professionelle Soziologie studiert hätten. Das akademische Berufsethos, das den Physiker auf das Studium eines physikalischen Spezialismus beschränke, den Wirtschaftswissenschaftler auf das Studium der Wirtschaft, den Historiker auf bestimmte Perioden der Geschichte, reiche gewiß für viele Anwendungsfelder der Soziologie im beruflichen Leben aus, aber ganz gewiß nicht für die innovatorische Pionierarbeit der soziologischen Forschung und Lehre an den Universitäten, ohne die eine Disziplin erstarre und deren die Soziologie doch immer von neuem bedürfe. Diese Arbeit verlange Fachkenntnisse – gleichgültig ob erworben im normalen Studiengang oder durch eigene Arbeit – nicht allein im Gebiete der Soziologie, sondern auch in dem anderer Menschenwissenschaften und möglichst auch der einen oder der anderen Naturwissenschaft, also Kenntnisse, die erheblich über das als professionell standardisierte soziologische Fachwissen hinausgingen.

Ich weiß nicht, ob mir diese kleine Rede damals viele Freunde unter den anwesenden englischen Berufssoziologen gewann. Ich weiß nicht, ob diese Worte meine Chancen auf Fortsetzung meiner unterbrochenen Universitätslaufbahn in England erhöhten oder nicht. Aber ich verstand damals noch nicht die Weisheit des Schweigens.

Unter denen, die ich kurzweg als »Soziologen der ersten Generation« bezeichnet habe, also unter allen, die sich nach einem anderen Studium, zumeist wohl aufgrund einer besonderen intellektuellen Entscheidung, der Soziologie als ihrem zentralen Forschungs- und Lehrgebiet zuwandten, gibt es viele Beispiele für die Fruchtbarkeit des umfassenderen Wissens für die soziologische Arbeit. Es mag hier genügen, auf Max Weber hinzuweisen. Er war von Haus aus Jurist. Manche seiner Arbeiten, insbesondere seine »Soziologischen Grundbegriffe«, die ja eigentlich ein Gesetzbuch für Soziologen sind, bleiben unverständlich, wenn man Webers juristisches Training nicht vor Augen hat. Aber viele Kenntnisse, vor allem auch historische Kenntnisse, hat sich Max Weber, wenn er es nötig fand, aus eigener Kraft erworben. Es würde sich vielleicht lohnen, den Erfahrungen genauer nachzugehen, die Max Weber dazu bewogen, sich in einen Soziologen zu verwandeln. Aber was immer die Erklärung für diesen Übertritt zur Soziologie sein mag, jedenfalls war Max Weber nicht Soziologe aufgrund seines Studiums, sondern aufgrund seiner Wahl. Mit einer ganzen Reihe von Soziologen der zwanziger Jahre verhielt es sich ähnlich. Sie waren Soziologen der ersten Generation.

Ich selbst bin einer davon. Ich hatte Medizin und Philosophie studiert. Jaspers, in dessen Seminar ich mein erstes größeres Referat hielt (über Thomas Mann und die Zivilisationsliteraten), erzählte mir auf einem Spaziergang einiges über Max Weber, den er verehrte. Aber ich kann mich nicht erinnern, vor Abschluß meiner Studien ein einziges soziologisches Buch gelesen zu haben. Als ich am Ende der großen Inflationszeit von 1923 als junger ›Doktor‹ zunächst nach Heidelberg ging, wo es mir als Student gut gefallen hatte, ging ich nicht mehr zu Jaspers, sondern zu Alfred Weber ins Seminar. Ich lernte den Privatdozenten der Soziologie, Doktor Karl Mannheim, kennen und besuchte ebenfalls sein Seminar. Mannheim war wenige Jahre älter als ich, und wir wurden schnell gute Freunde. Er war seinerseits ein Soziologe der ersten Generation, hatte aber als ehemaliger Schüler von Lukács und natürlich auch im Zusammenhang mit der intensiven Politisierung seines Heimatlandes eine beträchtliche Kenntnis der marxistischen Literatur, die mir völlig fehlte. Damals, also im Alter von 28 oder 29 Jahren, begann ich mich allmählich mit den Hauptwerken der Soziologie vertraut zu machen.

Mein eigener Bildungsgang hatte ursprünglich eine ganz andere Richtung. Die Grundlage war auf der Schule gelegt worden. Ich hatte Glück mit dem humanistischen Gymnasium, auf das mich meine Eltern schickten. In der Erinnerung, die selektiv und einseitig sein mag, stellt sich mir noch heute meine Schulzeit am Breslauer Johannes-Gymnasium als eine Zeit dar, die für die Ausrichtung meiner intellektuellen Interessen von großer Bedeutung war. In späteren Zeiten habe ich von vielen Schulen gehört, die das Interesse der jungen Menschen an dem Bildungsgut ihrer Gesellschaft eher abtöteten als anregten. Daher habe ich nie aufgehört, mit besonderer Dankbarkeit an meine Schule zurückzudenken. Aus Gründen, die mir verschlossen sind, zählte das Breslauer Johannes-Gymnasium zu der Minorität der städtischen Gymnasien, an denen jüdische Schüler den Druck versteckter oder offener antisemitischer Feindseligkeit von seiten der Lehrer und Mitschüler kaum zu spüren bekamen. Es war eines der wenigen Gymnasien mit einer kleinen Anzahl jüdischer Oberlehrer. Darüber hinaus gehörten zum Lehrkörper eine Reihe von Männern, die sich später als Universitätslehrer einen Namen machten. Neben dem Mathematiker Jüttner erinnere ich mich mit besonderer Lebendigkeit an den Altphilologen Julius Stenzel, der eine Zeitlang mein Klassenlehrer war, dem ich mein Interesse und gewiß auch einiges Verständnis für die antike Literatur verdanke. Später wurde er als Professor an der Kieler Universität unter Fachgenossen weithin bekannt, und seine Arbeiten sind es bis heute geblieben. Ich erinnere mich an den kleinen Oberlehrer Dr. Ries, dem ich die Grundlagen meiner Kenntnis und meiner Zuneigung zur französischen Sprache und Literatur verdanke, und an Dr. Krüger, der unter anderem für die Organisation einer philosophischen Sondergruppe unter den Schülern meiner Klasse verantwortlich war. Zu ihr gehörten einige meiner brillanten Mitschüler. Mit einzelnen von ihnen war ich befreundet. Wir lasen Kant, und meine spätere Entscheidung, neben Medizin auch Philosophie zu studieren, war nicht zuletzt auf die Anregung zurückzuführen, die ich durch diese Schülergruppe empfing. Dabei erinnere ich mich noch recht lebhaft an die Zweifel, die ich in meiner Selbsteinschätzung hatte – die Zweifel, die der freundschaftlichen Rivalität innerhalb dieser Schülergruppe entsprangen, ob ich mich mit den führenden Köpfen der Gruppe an Kenntnissen und Brillanz der Intelligenz messen könnte.

Es erscheint mir nicht unwichtig, diese Bildungsgrundlage hier zu erwähnen. Sie war noch immer voll und ganz durch das klassische Bildungsideal des deutschen Bürgertums bestimmt. In ihrem Mittelpunkt standen noch immer die Klassiker der griechisch-römischen Antike und die deutschen Klassiker der Schiller- und Goethezeit. Es ist oft nicht ganz leicht, sich in die Gedankenwelt des Kindes zurückzuversetzen, das man vor mehr als siebzig Jahren war. Aber bei der Suche nach Erinnerungen taucht aus dem Halbdunkel eine Episode auf, die für die individuelle wie die soziale Eigentümlichkeit meiner Kindheit nicht wenig bezeichnend ist. Mit dreizehn Jahren wurde man nach jüdischem Brauch aufgrund eines Rituals in der Synagoge und einer darauffolgenden Feier im Hause der Eltern in die Reihe der Erwachsenen aufgenommen. Das entsprach den sozialen Lebensbedingungen einer weit früheren Stufe der Gesellschaftsentwicklung. Die religiösen Gebräuche blieben bestehen. In der eigenen Gesellschaft war man mit dreizehn Jahren ein Schulkind und noch längst kein Erwachsener. Wenn ich zurückdenke, sehe ich mich selbst zur Zeit dieses rein formellen, aber nicht wirklichen Eintritts in die Reihe der Erwachsenen als ein Kind, als kleinen aufgeweckten Schuljungen. Ein weiter Kreis von Verwandten und Bekannten würde mir, das wußte ich, anläßlich dieser Feier etwas schenken. Die meisten, das wußte ich ebenfalls, würden in eine bekannte Breslauer Buchhandlung gehen, um nach passenden Büchern für mich Umschau zu halten. Vorsorglich ging ich also eine Woche früher zu dieser Buchhandlung und hinterließ dort den Wunsch, allen Leuten, die nach einem geeigneten Geschenk für die Bar-Mitzwah Elias' fragen würden, mitzuteilen, der junge Mann wünsche sich deutsche Klassiker in der Ausgabe des Bibliographischen Instituts. Diese Hilfe der Buchhandlung würde uns das Umtauschen von vielen Büchern ersparen. In der Tat erhielt ich dann zu den gesammelten Werken Schillers, die ich schon besaß, die gesammelten Werke Goethes, Heines, Mörikes, Eichendorffs und anderer Klassiker, in der gleichen Ausgabe.

Noch heute erscheint mir die Ausrichtung meines frühen Bildungsgangs im Sinne der klassischen deutschen Literatur, die in meinem Stolz auf den Besitz dieser Bücher und in meiner frühzeitigen Vertiefung in diese Literatur zum Ausdruck kam, als recht bezeichnend. Sie blieb mitverantwortlich für die Breite und Tiefe des Zugangs zu menschlichen Problemen, auch als mir allmählich die Unzulänglichkeit der philosophisch-idealistischen Orientierung klar wurde und ich schließlich mit dem Übertritt zur Soziologie eine zunehmend kritische Stellung gegenüber dem spezifischen Humanismus dieser Tradition einnahm. Im Kampf gegen ihre Wirklichkeitsfremdheit und deren unverkennbare Nachwirkung in der Soziologie selbst entwickelte sich dann, so scheint es mir, meine eigene soziologische Orientierung. Aber diese radikale Umwandlung war das Ergebnis eines verhältnismäßig langen Prozesses. Eine ganze Reihe von Erfahrungen trugen zu ihr bei. Ich bin nicht sicher, ob mir alle bewußt sind.

Die Kriegserfahrung mag das Ihre zu diesem Prozeß beigetragen haben. Zwar erschütterte sie nicht meine Neigung zum Studium der Philosophie, die ich von der Schule her mitbrachte, als ich aus dem Felde zurückkam. Aber ich war offenbar unentschieden, denn ich entschloß mich, außer Philosophie auch Medizin zu studieren. Wie ich das fertigbrachte, wie ein solches Doppelstudium möglich war, ist mir heute nicht mehr ganz klar. Aber mir ist ganz gegenwärtig, daß beide Studien einen entscheidenden Einfluß auf meine Orientierung und besonders auch auf meine Vorstellung von den Aufgaben wissenschaftlicher Arbeit hatten. Ich habe das Medizinstudium mit sich allmählich verringerndem Interesse bis in die Mitte der klinischen Semester weitergeführt. Dann wurde mir klar, daß ich nicht auf zwei Pferden zugleich reiten könne. Ich entschied mich dafür, das Medizinstudium abzubrechen und auf den Abschluß des Philosophiestudiums hinzuarbeiten. Aber inzwischen hatte ich das Physikum hinter mir. Ich hatte bei dessen Vorbereitung eine nicht unbeträchtliche Kenntnis einiger Naturwissenschaften gewonnen. Wiederum hatte ich Glück mit meinen Lehrern. Anatomie wird oft als langweilig empfunden. Kallius verstand es, das anatomische Studium des menschlichen Körpers, die Arbeit im Seziersaal eingeschlossen, interessant zu machen. Ich habe mir bis heute das Interesse für die Zusammenhänge zwischen Muskeln, Knochen, Nerven und Eingeweiden bewahrt und kann mir noch immer nicht vorstellen, daß man sich als Soziologe ohne Kenntnisse dieser Art ein angemessenes Bild von Menschen zu machen vermag.

Später arbeitete ich einmal an Problemen des Lachens und des Lächelns. Sie, so erschien es mir, zeigen in beispielhafter Form die biologische Abgestimmtheit der Menschen aufeinander, die man nicht aus den Augen verlieren darf, auch wenn man sich vorwiegend mit der durch Lernen erworbenen, also sozialen Abgestimmtheit befaßt. Dank der Kenntnisse, die ich während meiner medizinischen Studienjahre erworben hatte, erschien es mir als ganz selbstverständlich, daß sich die sozialen Aspekte des menschlichen Lächelns und Lachens von dem, was man vielleicht als ihre biologischen Aspekte bezeichnen kann, nicht trennen lassen. Ich kannte die einzigartige Vielfältigkeit der menschlichen Gesichtsmuskulatur, stellte fest, wieviel differenzierter diese Muskulatur ist als die der lebenden Menschenaffen, wieviel ausgeprägter zum Beispiel auch der Risorius-Muskel ist, der beim menschlichen Lachen eine nicht unerhebliche Rolle spielt, und wurde also auch von dieser Seite her dessen gewahr, daß die Menschen von Natur auf ein Zusammenleben mit ihresgleichen, auf gattungsspezifische Formen der Kommunikation miteinander abgestimmt sind, die zum Teil, wenn auch nicht ausschließlich, durch den Einbau erlernter sozialer Muster aktiviert und transformiert werden können und müssen. Ich wollte mit dieser Arbeit unter anderem darauf hinweisen, daß die außerordentlich hohe Individualisierung der menschlichen Gesichter – insbesondere wenn man sie mit der relativen Starre und der weit geringeren individuellen Differenzierbarkeit der Tiergesichter vergleicht – zum Teil auf der besonderen Bildsamkeit und Vielfältigkeit der menschlichen Gesichtsmuskeln beruht.

In den zeitgenössischen Diskussionen über Probleme des menschlichen Körpers vergißt man oft, daß das menschliche Gesicht Teil des menschlichen Körpers ist. Mein Kampf gegen das noch heute dominierende Menschenbild des *homo clausus*, mein noch weithin vergebliches Bemühen, die fundamentale Abgestimmtheit menschlicher Individuen aufeinander, ihre existentielle Gruppenbezogenheit verständlich zu machen, geht unter anderem auch auf solche physiologisch-anatomischen Kenntnisse zurück. Wir sprechen oft davon, daß ein bestimmtes Muster der Gesichtskoordination der »Ausdruck« eines Gefühls sei, so, als ob das Gefühl die Ursache, das Muster der Gesichtsmuskelbewegung die Folge sei. Aber das ist verkehrt, das ist ein Beispiel für die *homo clausus*-Mentalität, die uns nahelegt zu denken, daß das, was am Menschen nach außen, also besonders auf andere Menschen gerichtet ist – in diesem Falle das Signalfeld seines Gesichts –, eine gleichsam zufällige Zutat zu der Einsamkeit seiner inneren Existenz sei. In Wirklichkeit ist das kommunikative Signalisieren von Empfindungen zu anderen Menschen eine primäre Eigentümlichkeit der menschlichen Konstitution. Gesichtssignale und Empfinden verhalten sich zueinander nicht wie die Wirkung zur Ursache. Beide sind ursprünglich Aspekte ein und derselben menschlichen Reaktion. Gefühl und Ausdruck gehören primär zusammen. Erst allmählich schiebt sich je nach den Zivilisationsmustern eine Scheidewand zwischen Gefühlserregung und Gesten oder Gesichtsmuskelbewegung. Erst allmählich lernen Kinder differenzierterer Gesellschaften zu lächeln, ohne zu fühlen. Und dann erst erscheint es den Menschen so, als ob ihr eigentliches Ich in ihrem Innern gefangen sei und von jedem Bezug auf andere Menschen abgetrennt existiere.

So klar wurde mir das alles gewiß erst viel später, doch dann wurde es zu einem Hauptpfeiler meiner Zivilisationstheorie und meines soziologischen Denkens überhaupt. Aber ob ich das neue Menschenbild des *homo non-clausus (sive sociologicus)* klar herauszuarbeiten vermocht hätte, ob ich in der Lage gewesen wäre, es später weiterzuentwickeln, ohne die Kenntnisse, die ich beim Medizinstudium erworben hatte, ist mehr als zweifelhaft.

Ohne daß ich mir dessen damals völlig bewußt wurde, hatten die vorklinischen Semester und besonders das Anatomiestudium einen recht tiefgreifenden Einfluß auf meine Grundvorstellungen. Damals wie heute interessierten mich vor allem die Struktur und die Funktionen des integrierenden menschlichen Nervensystems. Ich lernte damals beim Sezieren etwas vom Aufbau und von der Funktionsweise des menschlichen Gehirns verstehen. Noch recht jung im Denken, verglich ich unwillkürlich dieses Wissen von der Natur des Menschen, das ich im Seziersaal und dann beim Medizinstudium überhaupt gewann, mit dem neukantianischen Menschenbild meines verehrten Philosophielehrers Hönigswald (der, wenn ich mich recht entsinne, ebenfalls Medizin studiert hatte). In der Philosophie wurde als selbstverständlich das Postulat von der »Außenwelt« unterstellt, der die »Innenwelt« des Menschen als die Sphäre der Ideen, der transzendentalen Gegebenheiten des *a priori* gegenüberstand. Beim Sezieren fand ich im Innern des menschlichen Kopfes nichts als dieses außerordentlich komplexe Gebilde des Gehirns, dessen Funktionsweise zwar noch weithin unenträtselt war, das aber in seinem Grundaufbau völlig auf den Komplementärcharakter von Sinneswahrnehmung und Bewegung, auf die ständige Vermittlung zwischen »Innenwelt« und »Außenwelt«, auf die Verbindung von Orientierung und Selbststeuerung in der umfassenderen Welt abgestellt war. Die Diskrepanz zwischen dem philosophisch-idealistischen und dem anatomisch-physiologischen Menschenbild beunruhigte mich für viele Jahre. Ich verbiß mich in dieses Problem, kaute an ihm herum und fand erst lange, nachdem ich mich der Soziologie zugewandt hatte, eine klare Antwort. Die Abwendung von dem herrschenden Menschenbild des hermetisch nach außen abgeschlossenen Menschen, des *homo clausus*, der Übergang zu dem Gegenbild des von Grund her auf eine Welt, auf das, was nicht er oder sie selbst ist, auf andere Dinge und besonders auf andere Menschen abgestellten Individuums, das mit der Abwendung von der Philosophie aufs engste zusammenhing, brauchte viel Zeit.

Ich erinnere mich daran, daß ich solche ungelösten Zweifel einmal Hönigswald gegenüber andeutete und schnell zurechtgewiesen wurde mit dem Hinweis auf die Unzulänglichkeit des Biologismus und auf die von solchen Befleckungen unberührte Geltung von Urteilen. Erst allmählich wurde mir klar, daß der Geltungsbegriff keine andere Funktion hatte als die, in der ihn Hönigswald mir gegenüber gebrauchte, nämlich als Bestandteil eines Argumentiersystems, das dazu bestimmt war, das elementare Verfahren der Philosophie, die Reduktion beobachtbarer Prozesse in der Abfolge der Zeit auf etwas Zeitloses, Unbewegliches, der Vergänglichkeit Trotzendes vor kritischen Einwänden zu schützen. Praktizierende Wissenschaftler wissen längst, daß Newtons Gesetze sich als durchaus nicht allgemein gültig, sondern allenfalls als partiell gültig erwiesen haben und daß ein Standardmodell des Universums, das gegenwärtig den Konsens der Physiker gefunden hat, aufgrund erweiterter Beobachtungen korrigiert oder sogar über den Haufen geworfen werden kann.

Daß das Medizinstudium zumindest eine der Grunderfahrungen bildete, die bei meinem Übertritt von der Philosophie zur Soziologie mitspielten, wurde mir erst später klar. Aber ich hatte noch bis in die sechziger Jahre hinein bei meinen Einführungsvorlesungen für Soziologiestudenten gelegentlich ein zerlegbares Gehirnmodell zur Hand. Das Gröbste über den Aufbau des menschlichen Nervensystems, so schien es mir, müßte man als Soziologiestudent wissen, um sich zu dem für das Verständnis gesellschaftlicher Zusammenhänge unentbehrlichen Menschenbild vorzuarbeiten, zum Bild des von Grund her auf das Leben unter Menschen, Tieren, Pflanzen und Mineralien abgestellten Menschen.

Übrigens lehrte mich das Studium von medizinischen Grundwissenschaften wie Physiologie und Anatomie zugleich auch der Vorstellung zu mißtrauen, daß der Mensch ein Stück Materie sei. Was sich zeigte, war, daß der Mensch eine enorm komplizierte Organisation von Materie ist. Die gesamte Materie, aus der ein Mensch besteht, mag noch beisammen sein – wenn die Organisation der Materie nicht mehr richtig funktioniert oder ganz zusammenbricht, verliert der Organismus die Fähigkeit, sich selbst zu rekonstituieren, und wir sagen dann: der Mensch ist tot.

In diesem Zusammenhang gewann ich auch meine ersten klaren Vorstellungen von dem, was man unter Struktur und Funktion versteht. Ich lernte verstehen, welche Funktionen z. B. das zentrale und periphere Nervensystem innerhalb der Organisation des Menschen hat und wie die Struktur dieses Systems seiner Funktion entspricht. Sozialstrukturen sind von den biologischen substantiell völlig verschieden. Dennoch half mir die Erfahrung, die ich bei der Beschäftigung mit den letzteren gemacht hatte, nicht wenig, als es darum ging, Verständnis für die ersteren zu gewinnen. Sie bewahrte mich davor, die Diagnose existierender Sozialstrukturen durch vorgefaßte, politische Wunsch- oder Furchtvorstellungen korrumpieren zu lassen, die anzeigen, wie die betreffenden Gebilde sein oder nicht sein sollen, aber nicht, wie sie tatsächlich sind und tatsächlich funktionieren.

Weder als Schüler noch als Student hatte ich gelernt, das parteipolitische Leben Deutschlands mit anderen Augen zu betrachten als mit denen eines interessierten, aber nicht allzu beteiligten Zuschauers. Jedes intensive Engagement für eine politische Partei lag mir fern. Ich glaube nicht, daß ich als junger Mensch wußte, warum das der Fall war. Modelle politischen Engagements fehlten im Kreise meiner Eltern und Verwandten so gut wie ganz. Auch unter meinen Mitschülern gehörten Menschen mit starkem politischen Engagement zu den Ausnahmen. Natürlich sprach man über die politischen Tagesereignisse; man diskutierte sie manchmal mit Spannung, manchmal etwas gelangweilt. Aber ihre Akteure, so schien es, gehörten meist zu einer anderen Welt, an der man persönlich keinen Anteil hatte. Selbst die Soldatenzeit änderte daran wenig. Der Kaiser, die Generäle, selbst die kommandierenden Offiziere der Division, der man als Angehöriger einer Funkergruppe zugeteilt wurde, waren ferne Gestalten für den einfachen Soldaten. Die zeitweilige Teilnahme an einem Soldatenrat, in den ich von meiner Truppe wahrscheinlich wegen meiner rednerischen Artikuliertheit im Jahre 1918 gesandt wurde, bestätigte nur mein Gefühl, Politik sei viel Gerede um den Gegenstand herum und nicht eben meine Sache. Und das Studium von Medizin und Philosophie vertiefte mein Engagement in anderer Richtung; so eindrucksvolle Modelle wissenschaftlichen Engagements mir einige meiner Universitätslehrer boten – Männer wie Kallius und besonders Hönigswald –, ihre politische Stellungnahme blieb mir völlig unbekannt.

Mag sein, daß meine Erinnerung mir einen Streich spielt. Vielleicht waren schon längst Modelle politischen Engagements zur Hand, und nur ich selbst war blind für sie. Zwar hatte der Einbruch der großen Gesellschaftskrisen mich längst aus dem Elfenbeinturm herausgetrieben – mehr als drei Kriegs- und Soldatenjahre, die Jahre in einem Fabrikunternehmen in der Misere der großen Inflation und vieles andere –, aber ich konnte mich nicht genügend wappnen, konnte mich nicht hart genug machen, um die Einseitigkeiten der Aussagen, die Entstellungen der Tatsachen zu überhören, an die man sich gewöhnen mußte, um sich politisch zu engagieren und um an dem politischen Spiel Freude zu haben. Alle diese großen Worte, diese Halbwahrheiten, diese unerfüllbaren Versprechungen!

Als die große Inflation dann gestoppt wurde, als meine Eltern sich wieder selbst ernähren konnten, gelang es mir – zum ersten und zum letzten Mal in dieser Zeit –, einen Artikel an eine Zeitung, an die *Berliner Illustrierte*, zu verkaufen. *Stante pede* kündigte ich meinen Job in der Gewißheit, daß ich nun meinen Unterhalt durch journalistische Arbeit verdienen, daß meine Eltern, wenn Not am Manne war, nun auch wieder gelegentlich einspringen könnten, und machte mich auf nach Heidelberg, in der vagen Hoffnung, dort den Zugang zu einer Universitätslaufbahn zu finden.

Meine Beziehung zu meinem verehrten Lehrer Richard Hönigswald, der auch mein Doktorvater war, hatte in einem ganz echten und kaum heilbaren Krach geendet. Ich war im Laufe der Arbeit an meiner Doktordissertation allmählich – in ziemlich mühsamen Auseinandersetzungen mit mir selbst – zu der Überzeugung gekommen, daß die Sache mit dem *a priori* nicht stimme. Ich konnte nicht mehr übersehen, daß alles, was Kant als zeitlos und vor aller Erfahrung gegeben auffaßte, sei es die Vorstellung einer Kausalverknüpfung, die der Zeit oder die natürlicher und moralischer Gesetze, zusammen mit den entsprechenden Worten von anderen Menschen gelernt werden müssen, um im Bewußtsein des einzelnen Menschen vorhanden zu sein. Als gelerntes Wissensgut gehören sie also zum Erfahrungsschatz eines Menschen. Und da mir das nun unwiderleglich schien, schrieb ich es in meine Doktorarbeit hinein. Hönigswald erklärte es schlechthin für falsch. Ohne Gründe anzuführen, die ich überzeugend fand, verlangte er, daß ich meine Arbeit ändere. Er könne sie so nicht akzeptieren. Wir bestanden beide auf unserer Meinung – ich selbst bis heute –, bis ich einsehen mußte, daß sein Machtpotential größer war als das meine. Ich strich die ausgesprochensten Passagen weg, dämpfte ein paar andere, schickte ihm das herabgeminderte Produkt, das er stillschweigend akzeptierte, und wurde so zum Dr. phil. der Breslauer Universität ernannt. Das Manuskript der Doktorarbeit ist verlorengegangen. Wegen der schweren Zeiten brauchte ich damals nur einen kleinen Auszug zu drucken.[1] Aber es erschien mir aussichtslos, mich bei Hönigswald wieder als Habilitationskandidat zu melden.

Übrigens hat diese Querele weder meine Hochschätzung des Mannes noch meine Dankbarkeit für das, was ich von

---

1 *Idee und Individuum. Ein Beitrag zur Philosophie der Geschichte.* Auszug aus einer Schrift zur Erlangung der Doktorwürde ..., vorgelegt von Norbert Elias. Promotion: 30. Januar 1924. Hochschulverlag Breslau. – Vgl. Anm. 3 und 4.

ihm gelernt habe, im geringsten vermindert. Er war autoritär wie viele deutsche Professoren seiner Generation, konnte keinen Unsinn ausstehen, hatte wenig Geduld mit Narren und Metaphysikern; was er als philosophische Spekulationen erkannte, also unter anderem auch Husserls Phänomenologie, lehnte er ab. Heidegger und die Existenzphilosophie überhaupt waren undiskutabel, und er konnte nur schwer seine Verachtung für solche Unsauberkeiten des Denkens verbergen. Von Hönigswald (und von meinem Vater) habe ich denken gelernt. Das ist mehr, als diese knappen Worte auszudrücken vermögen. Ich verdanke ihm ganz besonders, wenn auch nicht ihm allein, ein Gewissen, das mir Unsauberkeiten des Denkens, Affektiertheiten, Posen, falsche Fassaden, kurzum wenig von dem durchgehen läßt, was nicht zur Sache gehört. Wohlverstanden, manchmal schläft das Gewissen. Er war genauso unerbittlich mit sich selbst. Unter den Neukantianern seiner Zeit war er sicherlich einer der originellsten. Wenn ich sage, ich habe von ihm denken gelernt, dann meine ich produktiv denken; ich meine, ich habe von ihm – durch sein Beispiel – das Zutrauen zum Denken gelernt, das Zutrauen, daß man durch Nachdenken etwas Neues und etwas Gewisses herausfinden kann. Das komplementäre Beobachten, die Strategie der empirischen Arbeit habe ich mir dann mehr oder weniger selbst beibringen müssen, als ich das beim Übergang zur Soziologie nötig fand, obgleich wohl auch die Erfahrungen der Kriegs- und Nachkriegszeit und des Medizinstudiums dabei behilflich waren.

Jedenfalls kam ich so gewappnet gegen fragwürdige Denkweisen nach Heidelberg. Von meinem Aufenthalt als Student her hatte ich die kleine lebendige Stadt in bester Erinnerung. Auch sah ich klarer als damals, wo ich eigentlich hinsteuerte, was ich mit meinem Leben anfangen wollte. Das Beispiel meiner Universitätslehrer stand mir vor Augen. Meine Wünsche gingen schon seit langem in diese Richtung;

jetzt hatte ich Zuversicht gewonnen, daß ich das konnte: Lehren und Forschen. Ich wußte, daß ich ein guter Lehrer war, hatte schon unter den Mitstudierenden den Ruf, ich könne komplizierte Sachen auf einfache Weise erläutern. Lehren machte mir Freude. In bezug auf das Forschen hatte ich wenig mehr als meine Doktorarbeit als Beweis meines Könnens. Und das war eine schwere Arbeit gewesen. Ich traute meinem Denkvermögen, und es fehlte mir nicht an Einfällen. Aber die konzentrierte Gedankenarbeit an der Dissertation war sehr schwierig gewesen. Erst viel später wurde mir allmählich klar, daß schätzungsweise neunzig Prozent aller jungen Menschen Schwierigkeiten beim Schreiben ihrer ersten großen Forschungsarbeit haben; und manchmal auch beim Schreiben der zweiten und dritten oder der zehnten, wenn es dazu kommt. Ich wünschte, mir hätte das damals jemand gesagt. Man denkt natürlich: »Nur ich allein habe solche Schwierigkeiten mit dem Schreiben der Dissertation (oder was immer es ist); allen anderen fällt das ganz leicht.« Aber so ist es nicht. Darum sage ich es hier. Die Schwierigkeiten sind ganz normal. Man darf nur nicht lockerlassen. Ich wußte, daß ich Glück mit mir hatte. Die Arbeit war für mich nie ganz leicht, aber ich hatte Ausdauer, ich ließ nie los.

In Heidelberg wurde man schnell genug in den Strudel der akademischen Ereignisse hineingezogen. Heidelberg war damals noch eine vorindustrielle Universitätsstadt alten Stils, das heißt: das Universitätsleben beherrschte die Stadt. Ein beträchtlicher Teil der Einwohner lebte davon, sei es auch indirekt. Studenten spielten im Straßenbild eine große Rolle. Aber die Verwandlung Deutschlands von einem Kaiserreich in eine Republik hatte eine einschneidende Änderung mit sich gebracht. Vor 1918 hatten in Heidelberg die Verbindungsstudenten mit ihren bunten Mützen und Käppis, ihren Bändern und Stöcken, ihren Mensuren und Duellen und dem reichen Bündel ihrer rituellen Formalitäten die beherrschende Rolle gespielt. Nun gewannen Freistudenten (wie sie noch immer genannt wurden), also junge Männer und Frauen, die keiner Studentenverbindung angehörten, die ihre eigenen, kaum organisierten Verkehrskreise bildeten und die in Lebenshaltung und Umgangsformen weit informeller waren, im Stadtleben und ganz besonders im intellektuellen Leben der Universität ein weit größeres, beinahe schon ein maßgebendes Gewicht. Zu der Zeit, in der ich in Heidelberg lebte, also von 1924 bis 1929/30, besaß Heidelberg eine große intellektuelle Vitalität, einen Reichtum an ungewöhnlichen Köpfen im Lehrkörper und ein Bildungsniveau, das hohe Anforderungen an den einzelnen Studenten stellte, zumindest in den Kreisen, mit denen ich in Berührung kam.

Das waren vor allem die Kreise der Soziologen. Auch das gehörte zu der Eigenart Heidelbergs in dieser Zeit. Soziologie hatte an dieser Universität einen hohen Status. Die Erinnerung an Max Weber trug viel dazu bei. Alfred Weber verwaltete nicht nur das Erbe, sondern gab in seiner Weise dem Fach neue Impulse. Und die Witwe Max Webers, Marianne, spielte eine wichtige Rolle als Sachwalterin der Tradition, von der noch zu reden sein wird. Max Weber und sein Werk hatten damals gewiß noch nicht die internationale Statur, die sie später erlangten. Aber für den Status der Soziologie in Deutschland, und natürlich ganz besonders in Heidelberg, war das Auftreten eines exemplarischen Soziologen mit einer weiten Ausstrahlung über das eigene Fach hinaus von höchster Bedeutung. Auch ragte er im Zeitbild der zwanziger Jahre für das Bewußtsein der damals Lebenden längst nicht im gleichen Maße aus der Gruppe der repräsentativen deutschen Gesellschaftswissenschaftler heraus, wie das im Rückblick und kraft der stillschweigenden Auslese der späteren Generationen heute oft der Fall zu sein scheint. Viele Vertreter der alten Garde, deren Werke kaum geringeres Ansehen genossen, Männer wie Tönnies, Sombart, Scheler und Franz Oppenheimer, lebten noch. Die Werke von Troeltsch wie die von Simmel gehörten zum selbstverständlichen Bildungsgut der Soziologen, das ich mir nun, angeregt durch die Heidelberger Atmosphäre, aneignete. Und im Hintergrund stand, wie immer, stillschweigend und beredt, die Kolossalfigur von Karl Marx.

Was immer man sagen mag, wieder und wieder ging das Für und Gegen der soziologischen Diskussionen in hohem Maße um ihn. Aber es wäre unrecht, diese Tatsache zu erwähnen, ohne hinzuzufügen, daß die Dauerrolle, die – ausgesprochen und noch weit häufiger unausgesprochen – die Diskussion für oder gegen die Marxsche Gesellschaftstheorie mit deren Enkeln und Urenkeln in der zeitgenössischen Soziologie der fortgeschrittenen Industriegesellschaften spielte, aufs engste mit der Dauerrolle der Spannung zwischen Arbeiterschaft und Unternehmerschaft und zwischen den entsprechenden politischen Parteien in diesen Gesellschaften selbst zusammenhing.

Als ich am Anfang der zwanziger Jahre für kurze Zeit in Heidelberg studierte, lebte ich im Kreis von Philosophiestudenten. Ich nahm unter anderem teil an dem Seminar des ehrwürdigen Rickert. Und der relativ junge Jaspers ermutigte mich, meiner eigenen Neigung folgend den Streit zwischen Thomas Mann und den Zivilisationsliteraten (wie er sie verächtlich nannte) zum Thema eines langen Seminarreferats zu machen. Aber als ich nun, geschmückt mit dem Doktortitel und auf der Umschau nach Habilitationsmöglichkeiten, im Jahre 1924 zum zweiten Mal nach Heidelberg kam, hatte sich die Richtung meines Interesses geändert. Ich ging zu Vorlesungen und Seminaren von Soziologen. Und die Studenten und Studentinnen, die ich dort kennenlernte, waren in unvergleichbar viel höherem Maße politisiert als die Philosophen. Dabei gab es eine merkliche Scheidung. Zu Alfred Weber, dessen Assistent damals, wenn ich mich recht entsinne, Arnold Bergsträßer war, gingen Studenten aller

politischen Schattierungen, die rechtesten Rechten mitein-
geschlossen, aber doch, wenn ich mich nicht täusche, mit
Ausnahme der linkesten Linken. In dem Seminar des jungen
Privatdozenten Dr. Karl Mannheim dagegen fehlten die
rechten Studenten. Hier reichte das Spektrum der politischen Schattierungen unter den Studenten von Kommunisten über Sympathisanten der Unabhängigen Sozialisten bis
hin zu jungen Sozialdemokraten und Demokraten. In deren
Kreise fand ich mich schnell zurecht, obgleich ich keinen
Hehl daraus machte, daß ich parteilos war und parteilos
bleiben wollte.

Ich freundete mich schnell mit Mannheim an, und da ich
älter war als seine Studenten und um wenige Jahre jünger als
er, da ich zugleich weit mehr Kontakte mit Studenten hatte
als er, schlüpfte ich unversehens in die Rolle seines inoffi-
ziellen Assistenten. Als er am Ende der zwanziger Jahre,
nicht lange nach dem Erscheinen von *Utopie und Ideologie*,
einen Ruf auf den Lehrstuhl der Soziologie in Frankfurt am
Main erhielt, fragte er mich, ob ich als sein offizieller Assistent mit ihm nach Frankfurt kommen wolle. Ich sagte zu
unter der Bedingung, daß ich mich so bald wie möglich habilitieren könne. Mannheim erklärte, er wäre bereit, mich
zu habilitieren, aber nur wenn ich mich verpflichtete, zunächst drei Jahre für ihn als Assistent zu arbeiten. Ich hatte
eine Habilitationszusage von Alfred Weber, aber bei ihm
stand ich an vierter Stelle in der Reihe der Habilitanden. Das
konnte weit mehr als drei Jahre dauern. Bei Mannheim stand
ich an erster Stelle. So nahm ich seinen Vorschlag einer drei-
jährigen Wartezeit bis zur Habilitation an. Das war im Jahre
1930. Drei Jahre später kam Hitler zur Macht. Ich brachte
dann mit knapper Not die Habilitationsformalitäten hinter
mich (bis auf die Antrittsvorlesung), aber es nützte mir nicht
viel. Ich ging ins Exil, zu alt für ein nochmaliges Studium, zu
jung für eine Professur.

Aber als ich mich 1924 langsam in Heidelberg einlebte,

ahnte man von alledem noch wenig. Mannheims Frankfurter Lehrstuhl lag noch in weiter Ferne. Alfred Webers Zusage, mich als Habilitanden in Betracht zu ziehen, machte mir Freude. Aber das konnte noch lange dauern. Mannheim erklärte mir, um sicherzugehen, wäre es wohl unerläßlich und gewiß nützlich, die Zustimmung Marianne Webers zu einer eventuellen Habilitation zu gewinnen. Sie habe eine Art von Salon, und für einen jungen Soziologen mit Absichten auf eine Universitätskarriere in Heidelberg sei es ratsam, sich dort zu präsentieren. Kurz danach bekam ich eine Einladung zu Marianne Webers Haus. Dort versammelte sich in regelmäßigen Abständen ein Teil der Heidelberger Universitätselite, Männer wie Ernst Robert Curtius, Frauen wie Frau Jaffé, die nach dem Tode ihres Mannes mit Alfred Weber zusammenlebte.

Marianne Weber war eine eindrucksvolle Frau, sie machte auf mich den Eindruck einer robusten intellektuellen Großbäuerin, die fest auf dieser Erde steht, die Haus und Hof zusammenzuhalten weiß, die über das Ihre wacht. Wenn man zu den Ihren gehörte, konnte man sich auf sie verlassen. Ich weiß nicht, ob es stimmt, aber ich hatte die Vorstellung, daß Max Weber ohne diese starke Frau nicht die Durchhaltekraft gehabt hätte, all das zu schaffen, was er fertiggebracht hat. Man muß sich die furchtbare Anspannung, die enorme Konzentration vorstellen, die notwendig war, um so etwas zu schreiben wie *Wirtschaft und Gesellschaft*. Dann kann man auch den Zusammenbruch verstehen und was ihre Hilfe für ihn damals bedeutete, auch daß sie ihn beherrschte und Besitz von ihm nahm und nach seinem Tode von seinem Erbe. Im Umgang mit Fremden war sie freundlich, gemessen und hielt ihre Distanz. Es war gar kein Zweifel, daß sie in der damaligen Zeit zu Heidelbergs intellektueller Landschaft gehörte und, nicht weniger als ihr Schwager Alfred, zum Bilde der Heidelberger Soziologie. Man sagte, daß sie erheblichen Einfluß auf Alfred Weber habe, gerade in bezug auf junge Habilitanden. Ihr Veto mochte tödlich sein. Aber wenn man als junger Mensch in den schönen, etwas altväterlichen Räumen der Weberschen Wohnung umherging und vor allem auf dem großen Balkon mit der Aussicht auf den Neckar, dann hatte man kaum Gelegenheit, wirklich zu erfahren, was sich in diesem Kreise abspielte.

Eines Tages, nach ein paar freundlichen Worten, lud sie mich ein, einmal an einem ihrer Nachmittage etwas vorzutragen. Das war üblich. Ich hatte es erwartet, aber die Einladung hätte ausbleiben können. Daß sie kam, war ein gutes Zeichen. So wurde ein Datum verabredet, und drei Wochen später hielt ich dann bei ihr, wenn ich mich recht entsinne auf dem Balkon, meinen kleinen Vortrag über die Soziologie der gotischen Architektur. Ich war oft genug mit den Wandergruppen und mit dem Dehio im Rucksack von einem großen Dom zum anderen gezogen, hatte längst von der Romantisierung der zum Himmel strebenden Kathedralen Abschied genommen, wußte, daß diese mächtigen Gebäude weit unmittelbarer als die Feiertagsgotteshäuser unserer Tage ins Alltagsleben der Stadtbürger hineingeragt hatten. An ihren Mauern hatten die Buden der kleinen Händler geklebt. Der Lärm des Marktes war durch die offenen Türen gedrungen und hatte sich in die Töne des Gottesdienstes gemischt. Die hohen Dächer, Wahrzeichen der konkurrierenden Städte mit ihrem unbändigen Stolz – jede wollte den höheren Kirchturm – und der unsäglichen Not, die zum Himmel schrie. Ich sprach von den Verschiedenheiten im Aufbau der deutschen und der französischen Gesellschaften und deren Widerspiegelung im Aufbau ihrer Kathedralen. Am Ende gab es höflichen Applaus und freundliche Worte. Ein kleiner Schritt auf dem Weg zu einer Universitätslaufbahn. Im Salon der Witwe Max Webers – ich war nicht verworfen worden.

Inzwischen hatte ich mit Alfred Weber das Thema einer Habilitationsschrift besprochen. Er sagte mir, vier bis fünf

Jahre würde ich warten müssen. Mehrere junge Leute stünden noch vor mir in der Schlange. Aber mein Themenvorschlag schien ihm zu gefallen: die Bedeutung der Florentiner Gesellschaft und Kultur für die Entstehung der Wissenschaft. Doch der Plan, angeregt durch Olschkis *Geschichte der italienischen Literatur*, hatte mancherlei Schwierigkeiten. Ich konnte zur Not Italienisch lesen, aber mehr auch nicht.

Inzwischen hatte ich mich mit anderen Problemen auseinanderzusetzen. Die außerordentlich hohe Politisierung des gesamten intellektuellen Lebens, mit dem ich in Heidelberg in Berührung kam, stellte für mich eine Herausforderung besonderer Art dar. Diese Politisierung der Intellektuellen war gewiß eine Widerspiegelung der Machtkämpfe, die sich zwischen den verschiedenen Parteien und in zunehmendem Maße zwischen außerparlamentarischen paramilitärischen Organisationen in der weiteren Gesellschaft abspielten. Aber es war eine eigentümlich esoterische Widerspiegelung. Während die Machtkämpfe draußen sich brutalisierten, behielt deren Widerspiegelung unter den Gesellschaftswissenschaftlern, also vor allem unter Soziologen und Nationalökonomen, ihre zivilisierte Form. Es gab unter den Studenten und Assistenten rechte Gesellschaftswissenschaftler und linke Gesellschaftswissenschaftler. Zu den ersteren gehörten Soziologen, die Hans Freyer nahestanden, der später unter Hitler eine Führungsrolle in der Organisation der deutschen Soziologie übernahm und dabei auch gelegentlich die Härten des Nationalsozialismus zu mildern suchte. Ein anderes Integrationszentrum der rechten Gesellschaftswissenschaftler bildete die Zeitschrift *Die Tat*. Ihre Gruppierung wurde bekannt unter dem Namen »Tatkreis«. Während die junge akademische Linke sich organisatorisch oder intellektuell an der Arbeiterschaft orientierte, erhielt für Teile der jungen akademischen Rechten und am zentralsten für die Mitglieder des »Tatkreises« die Angestelltenschaft eine analoge Bedeutung. In ihrer wachsenden numerischen und, wie man dort hoffte, bald auch organisatorischen Stärke sahen die Sympathisanten dieses Kreises einen Grund für die Hoffnung, daß die Gesellschaftsentwicklung selbst in der wachsenden Zahl und dem wachsenden Klassenbewußtsein der Angestellten ein Gegengewicht von gleicher Stoßkraft gegen die Massenbewegung und das Klassenbewußtsein der Arbeiterschaft schaffen werde.

Auch vereinzelte Nationalsozialisten gab es in der jungen akademischen Rechten. Unter ihnen war ein Assistent Alfred Webers. Als Liberaler war Alfred Weber seiner tief verwurzelten Überzeugung und seinen Prinzipien nach (wenn auch nicht immer seinem leidenschaftlichen Temperament nach, das durch die Kontrollen hindurchschimmerte) tolerant. Er hätte auch einen Kommunisten als Assistenten eingestellt, wenn dieses Problem an ihn herangetreten wäre. Wieviel Selbstüberwindung ihn das auch gekostet hätte: das Prinzip der Toleranz hätte es ihm geboten, und er meinte es damit ernst. Daß er einen Juden unter seine Habilitanden aufnahm, war ein Ausdruck derselben Haltung. Dieselbe Überzeugung gebot ihm, einen Nationalsozialisten unter seine Assistenten aufzunehmen. Man wußte damals noch kaum, welche Saat da einmal aufgehen würde, und als sie aufging, stemmte er sich ihr entgegen, mutig und vergebens. Zuvor, in den späten zwanziger Jahren, stellte er sich jedenfalls als liberaler Professor die Aufgabe, in exemplarischer Weise Toleranz zu zeigen. Seiner Qualität nach verdiente der junge Nationalsozialist die Assistentenstelle, genauso wie der jüdische Elias die Habilitationszusage verdiente. Warum also nicht?

Man sagt, daß Alfred Weber im Schatten des großen Bruders stand. Es ist wahrscheinlich, daß er unter diesem Alptraum litt, aber ich habe keine Beweise dafür. Unwillkürlich verglich und vergleicht man die Brüder. Beide gehörten noch einer Generation an, in der man es sich erlauben konnte, in seinen Büchern das als Hauptthesen vorzustellen, was den eigenen Wünschen und Idealen entsprach. Aber Max Weber hatte eine Art von Gewissen, das ihn dazu antrieb, das Erwünschte sehr genau zu überprüfen, sei es im Hinblick auf seine Belegbarkeit durch empirische Evidenz, sei es im Hinblick auf die immanente Schlüssigkeit der Argumente, mit denen es untermauert wurde. Auch Max Weber war im Grunde ein leidenschaftlicher Mensch, aber er erlaubte sich kaum je, seine Passionen in dem, was er schrieb, offen zu zeigen. Man muß sehr genau hinsehen, um zu entdecken, wie oft sie ihm die Feder führten.

Wenn ein Mohammedaner ein Buch schriebe, in dem er andeutete, daß der Geist des Islam für die Entstehung der modernen Welt verantwortlich sei, hätte er vielleicht Schwierigkeiten, seine Abhandlung so zu entwerfen, daß sie wenig Raum für den Verdacht ließe, er schreibe *pro domo*. Die durch empirische Belege unterbaute, kühle und schlüssige Darstellung einer analogen Hypothese durch Max Weber schließt einen solchen Verdacht weitgehend aus. Das gleiche gilt für die Funktion dieser Arbeit als Entwurf einer Gegenthese zu der Marxschen Geschichtsauffassung, also der These, die Religion als solche könne der Wirtschaftsentwicklung Anstöße geben, nicht nur die Wirtschaft der Religionsentwicklung. Auch in dieser Hinsicht war Max Webers Darstellungsweise so kontrolliert, so frei von jedem Zeichen des Engagements, daß zwar die populäre Wirkungskraft der Schrift als Zeugnis der bürgerlichen Antithese zur materialistischen Geschichtsauffassung nicht geschmälert wurde, daß aber die genaue Lektüre nur ganz selten, nur im Verein mit einer umfassenden Untersuchung Belege für ein solches ideologisches Engagement ans Licht zu bringen vermöchte. Diese Zweideutigkeit war nicht beabsichtigt. Was ich zu sagen versuche, ist nicht der Ausdruck eines Zweifels an Webers intellektueller Integrität. Es ist, wie man noch sehen wird, der Ausdruck für ein Problem der modernen Soziolo-

gie, das mich in Heidelberg zu beschäftigen begann und das
dann später in meiner nie ganz abbrechenden Beschäftigung
mit dem Problem von Engagement und Distanzierung Niederschlag fand.[2]

Daß man die mannigfaltigen Aspekte der Menschenwelt
in ihrem Zusammenhang miteinander gedanklich nicht zu
durchdringen und in den Griff zu bekommen vermag, wenn
man, wie es die traditionellen Philosophen tun, von dem
vereinzelten Menschen, dem traditionellen »Subjekt der Erkenntnis« ausgeht, so, als ob ein Mensch, ohne mit anderen
zu leben und von anderen Menschen zu lernen, überhaupt
ein Mensch werden könne, dessen war ich mir schon im
Laufe der Arbeit an meiner Doktordissertation bewußt geworden, und zwar sicherlich im Zusammenhang mit Erfahrungen im gesellschaftlichen Leben selbst, also zum Beispiel
mit Kriegserfahrungen, durchaus nicht zentral mit Bucher-
fahrungen. Es war mir längst klargeworden, daß man auch
beim Nachdenken über menschliche Angelegenheiten statt
von *dem* Menschen immer von *den* Menschen, also von
menschlichen Pluralitäten, von Gruppen von Menschen,
von den Gesellschaften, die viele Menschen miteinander bilden, ausgehen muß. In meiner Dissertation selbst[3], die den
Umständen entsprechend noch ganz im philosophischen
Stil geschrieben war und demnach die Neigung zeigte, selbst
die menschliche Geschichte so zu behandeln, als ob sie das
Denkprodukt einzelner Menschen sei, hatte ich bereits unzweideutig gesagt, der herkömmliche Begriff des einzelnen
Menschen, der Begriff des »Individuums«, bedürfe einer

2 N. Elias, »Problems of Involvement and Detachment«, in: *British Journal of
Sociology* VII (1956), S. 226–252. Dieser Aufsatz bildet den ersten Teil einer
umfassenderen Arbeit, die unter dem Titel *Engagement und Distanzierung*,
Frankfurt/M. 1983, erschienen ist.
3 Nur ein kurzer Auszug ist 1924 gedruckt worden. Fertiggestellt war die Arbeit
im wesentlichen schon im Juli 1922, mußte dann aber – als Konzession an
Hönigswalds Transzendentalismus, von dem ich mich ziemlich radikal entfernt
hatte – in einigen Punkten geändert werden.

Weiterbildung. Und diese Aufgabe, das Individuum auch in Gedanken aus seiner Vereinzelung herauszuholen und es auch im gedanklichen Modell als Einzelnen in die Kette der Generationen, in die Ordnung des Nacheinander hineinzustellen, ist, so scheint mir, nach wie vor eine der zentralen Obliegenheiten der Soziologie geblieben.

Auch war mir im Zuge der Kriegs- und Inflationserfahrungen mit der relativen Machtlosigkeit des Einzelnen im Gesellschaftsgefüge zugleich der eigentümlich esoterische Charakter der philosophischen Grundannahmen bewußter geworden, zu denen ja auch die Vorstellung von der Allmacht des Denkens gehört. Schon damals, schon bei meiner Beschäftigung mit der Stellung des Individuums in der Geschichte, begann ich diesem Problem der diachronischen Ordnung des Nacheinander, also der langen gesellschaftlichen Prozesse als einer Ordnung *sui generis*, auf die Spur zu kommen. Aber ich hatte zunächst kein anderes Handwerkszeug zur Verfügung als das philosophische, um solche Prozesse zu fassen. Ich konnte sie zunächst nur begrifflich anpacken, als ob es sich bei diesen geschichtlich-gesellschaftlichen Prozessen um Denkprozesse handle, um eine Abfolge von Gründen mit Folgen[4], die selbst wieder Gründe

4 Mehr als 56 Jahre später, im Juli 1980, kam mir die Schrift wieder zu Gesicht. Herr Dr. Peter Ludes hatte entdeckt, daß der gedruckte Auszug in der Universitätsbibliothek von Breslau noch vorhanden ist. Auf seine Anfrage hin sandten ihm die polnischen Behörden freundlicherweise einen Abdruck; er seinerseits hatte die Freundlichkeit, mir eine Kopie zu schicken.

Ich begegnete mir selbst, der alte Mann dem jungen Mann, der er selbst einmal war, nicht ohne einen gewissen Schock. Auf der einen Seite erkannte ich mich wieder; ich fand, mit einigem Erstaunen, daß ich mich als 27jähriger bereits mit Problemen beschäftigte, um die es mir später auch beim Schreiben von *Über den Prozeß der Zivilisation* (Bern²1969, Frankfurt/M. 1976) ging und dann immer von neuem, etwa in dem Aufatz »Zur Grundlegung einer Theorie sozialer Prozesse« (*Zeitschrift für Soziologie* VI [1977], S. 127–149), nämlich mit der Struktur ungeplanter gesellschaftlicher Prozesse.

Schon in der Doktorarbeit machte ich mir also Gedanken über das, was ich später »die Ordnung des Nacheinander« nannte, über die spezifische Ordnung, innerhalb deren eine jeweils spätere Gegebenheit aus einer spezifischen

von neuen Folgen werden, und so weiter. Aber in dieser Form ging es mir offensichtlich schon damals, schon 1922–24 – wie noch heute –, um die eigentümliche Ordnung der langfristigen Prozesse und ihre Verschiedenheit von der Gesetzesordnung der physikalischen Natur, als eine Art Gerüst der Menscheitsgeschichte.

Abfolge früherer hervorgeht. Ich stellte mir damals schon Fragen, die mich noch heute aufs intensivste beschäftigen, z. B. die Frage, wie eine spätere Staatsform aus einer früheren und diese ihrerseits aus einer noch früheren hervorgeht und warum das der Fall ist, oder wie eine spätere aus einer früheren Wirtschaftsform, eine spätere aus früheren Wissensformen und, allgemeiner, spätere aus früheren Formen des gesellschaftlichen Zusammenlebens der Menschen entstehen. Auch das Problem des Verhältnisses von physikalischer und sozialer Zeit war schon da, das in dem Essay »Über die Zeit« (in: *Merkur* XXXVI [1982], S. 841–856 und S. 998–1016, inzwischen erweitert in Buchform, Frankfurt/M. 1984) eine so zentrale Rolle spielen sollte.

Aber auf dieser frühen Stufe meines Lernprozesses stellte sich mir das Nacheinander von Stufen der Gesellschaftsentwicklung, deren Substrat, wie ich es jetzt sagen würde, fünfdimensionale Menschen aus Fleisch und Blut sind, noch als eine Abfolge von Denkgebilden dar. Ich fragte nach dem dialektischen Prozeß – vermutlich im Anklang an das bekannteste Prozeßmodell, das einem Philosophiestudenten zur Verfügung stand: an das Hegelsche –, in dem ein Urteil *C* ist *D* aus einem Urteil *A* ist *B* folgen könne. Noch unterschied ich nicht deutlich zwischen ›Prozeß‹ und ›System‹, aber es stand schon da, daß das geschichtliche Faktum Funktion seiner Stellung innerhalb dieses Prozesses ist, und es wurde auf etwas hingewiesen, was noch heute nicht oft genug ausgesprochen wird – auf die Tatsache, daß im Erleben der Menschen nicht allein das, was früher geschah, als Grund für das, was später vor sich geht, für seine Folgen, angesetzt werden kann, sondern daß zugleich auch in der Erfahrung der Späterkommenden selbst das, was jeweils später geschieht, die ›Folgen‹, auf den Sinn, in dem das, was früher geschah, erlebt wird, auf den Sinn der ›Gründe‹, zurückwirkt und ihn seinerseits mitbestimmt. Es verhält sich ja in der Tat so, daß, sagen wir, die sogenannte Neuzeit nicht allein aus der anderen, die wir Mittelalter nennen, hervorging, sondern daß zugleich auch der Sinn, in dem wir dieses Mittelalter erleben, durch die Tatsache, daß die Neuzeit aus ihm hervorging, und durch den Sinn, in dem wir diese Neuzeit erleben, mitbestimmt wird. Zum ›Mittelalter‹ wurde diese Periode ja erst von der Neuzeit her betrachtet, und um die Neuzeit zu verstehen, ist es nötig, das Mittelalter so zu sehen, wie es war, ehe es eine Neuzeit gab; so wie es nützlich ist, in Gedanken diese Neuzeit mit den Augen derer zu sehen, für die sie ›Mittelalter‹ geworden sein wird, und vielleicht sogar ein noch recht wenig zivilisiertes Mittelalter – eine nützliche Gedankenübung für heute Lebende, gleichgültig ob diese andere Neuzeit kommt oder nicht.

Gewiß ist es nicht ganz leicht, beim Lesen des Auszugs die früheren Gedan-

II. Alfred Weber und Karl Mannheim (1)

Mit solchen Problemen beschäftigt, war ich also zum zweiten Mal nach Heidelberg gekommen. Und ich fand in der Tat, daß die Probleme, die dort unter Gesellschaftswissenschaftlern an der Tagesordnung waren, recht eng verwandt mit meinen Problemen waren. Auch dort ging es unter anderem um die eigentümliche Ordnung dessen, was man konventionell als Geschichte bezeichnet. Es ging nicht so sehr oder jedenfalls nicht zentral um das, was ich heute vielleicht als die strukturlose Geschichte der Historiker bezeichnen würde, sondern in erster Linie um die strukturierte Geschichte der Soziologen, die im 19. Jahrhundert einen paradigmatischen Ausdruck in den Werken von Marx und Comte gefunden hatte und deren Erforschung in Deutschland vor allem auch durch das Werk Max Webers einen neuen Impetus und eine neue Vitalität gewonnen hatte.

In der Nachfolge seines Bruders, aber in seiner eigenen Weise arbeitete, wie ich bald erfuhr, nun Alfred Weber an

ken aus dem erschreckenden philosophischen Idiom in eine klare Sprache zu übersetzen. Auch zeigt sich deutlich in diesem Text, wo ich der kategorischen Ablehnung einer meiner zentralen Thesen durch den Doktorvater mit Hilfe einer Kompromißformel zu begegnen suchte. So wies ich im letzten Absatz darauf hin, daß, wie ich es ausgeführt hatte, jede einzelne Idee als Folge aus Gründen hervorgeht und »somit auch selbst der Gesetzlichkeit des dialektischen Prozesses unterworfen sein kann«; aber ich fügte hinzu, daß »die Idee der Geltung als Prinzip des dialektischen Prozesses dessen Bewegung enthoben ist«. In diesem letzten Satz machte ich also meine Verbeugung vor dem philosophischen Fetisch des Geltungsbegriffs, der ganz gewiß wie jeder andere Begriff seine Stelle im Prozeß der menschlichen Denkentwicklung besitzt und erst durch seine Funktion in dieser Ordnung des Nacheinander verständlich wird, der aber Philosophen, den säkularisierten Erben theologischer Denkweisen, oft als Symbol ihres eigenen Ewigkeitsanspruchs, ihres eigenen Schwebens über dem unaufhörlichen Fluß der Entwicklung, dient.

Es war sicherlich nicht einfach, sich aus der Gebundenheit an dieses stark ritualisierte philosophische Idiom des Denkens mit seinem Zwang, Prozesse gedanklich auf Zustände zu reduzieren, und seinem festgefügten Argumentiersystem zu befreien. Als ich diesen Auszug aus meiner Dissertation las, kam ich mir vor wie der Reiter über den Bodensee. Ohne volles Bewußtsein der Gefahr war ich ihr entronnen.

soziologischen Problemen dieser Art. Sein Interesse richtete sich vor allem auf die Eigenart der ›Kultur‹ als eines vitalen Aspekts jeder menschlichen Gesellschaft und ihrer Entwicklung. Ihm lag unter anderem daran herauszuarbeiten, daß die Kultur als gesellschaftliches Gebilde sich nicht auf wirtschaftliche Verhältnisse reduzieren, aus wirtschaftlichen Interessen erklären ließ. Er ging davon aus, daß die Kultur zwar von Menschen geschaffen sei und so immer auch in der Beziehung auf die gesellschaftlichen Verhältnisse der Menschen verstanden werden müsse. Aber das Entwicklungsmuster der Kultur, solcher menschlicher Gebilde wie Kunst oder Religion – so sah es Alfred Weber, wenn ich mich recht entsinne –, unterschied sich in höchst charakteristischer Weise von dem Entwicklungsmuster solcher nutzbringender Menschengebilde wie Wirtschaft, Technik und Wissenschaft. Im Bereich der letzteren gab es einen Fortschritt, ob gradlinig oder dialektisch, und ganz gewiß auch Rückschrittsbewegungen. Aber auf Kunst oder Religion und so auf die Kultur ließen sich die Begriffe Fortschritt und Rückschritt im Grunde nicht anwenden. Sie standen in seinen Augen ganz auf sich, als Selbstzweckgebilde, in denen sich – symbolisch gesprochen – der Geist einer Zeit, die Seele eines Volkes manifestierte.

Mir wurde schnell klar, daß hier in Alfred Webers kultursoziologischen Arbeiten eine ältere deutsche Tradition aufgenommen und weitergeführt wurde, die unter anderem ihren Niederschlag in der antithetischen Gegenüberstellung der zwei Begriffe ›Kultur‹ und ›Zivilisation‹ gefunden hatte. Sie war mir bereits bei meinem ersten Heidelberger Aufenthalt begegnet, als ich an meinem Seminarreferat für Jaspers arbeitete. Thomas Mann sprach in seinem Buch *Betrachtungen eines Unpolitischen* ausführlich über den Gegensatz zwischen ›Kultur‹ und ›Zivilisation‹. In dieser begrifflichen Antithese kam eine sehr tief verwurzelte, spezifisch deutsche Version des intellektuellen und politischen

Konservatismus zum Ausdruck, die, wie ich an anderer Stelle[5] gezeigt habe, nur im Zusammenhang mit der Besonderheit der deutschen Gesellschaftsentwicklung verständlich ist. Thomas Mann hatte nicht ganz zu Unrecht Eichendorffs *Taugenichts*, den jungen Sänger von volksliedartigen Gedichten, der fern jeder Politik, nur seinem inneren Empfinden folgend und so ohne äußere Zwecke durch die Lande zieht, gleichsam als symbolische Verkörperung dessen vorgestellt, was ihm das Wort Kultur bedeutete. Ihm hatte er gegenübergestellt die Haßfigur des Zivilisationsliteraten, ein zusammengesetztes Bild, das sich sowohl auf seinen Bruder Heinrich Mann wie auf Kurt Hiller und andere linke Intellektuelle bezog, die schon in den Jahren 1914–18 der bestehenden Ordnung kritisch gegenüberstanden und sich für Ideale der westlichen Zivilisation, also unter anderem für Rationalität, Humanität und parlamentarische Demokratie einsetzten.

Nun begegnete ich bei Alfred Weber einem Kulturbegriff, der zwar in hohem Maße sachlich unterbaut war, der aber zugleich auch die Bedeutung eines Gefühlssymbols hatte und als solches ganz in derselben Tradition stand wie der Thomas Mannsche Kulturbegriff. Es hätte einer prophetischen Begabung bedurft, um vorauszusehen, daß aus dem weitverzweigten Erbe der deutschen antizivilisatorischen Tradition auch so etwas wie der Nationalsozialismus hervorgehen würde. Und der bloße Gedanke, man könne den Namen Alfred Webers in einem Atemzug mit dem der Hitlerbewegung nennen, verdient eine vorbeugende Zurückweisung. Alfred Weber gehörte zu den aufrechten Menschen, die den Mut hatten, sich gegen den Strom zu stemmen, als die nationalsozialistische Bewegung auch die Heidelberger Universität überschwemmte. Die Tatsache, daß er im Grunde die zweckrationalen Humanitätsadvokaten der Linken verabscheute, erlaubte ihm durchaus nicht,

5 Siehe N. Elias, *Über den Prozeß der Zivilisation*, a.a.O., Bd. 1, S. 1–64.

seinen eigenen Zivilisationsstandard durch ein ›Bündnis mit den Barbaren‹ zu erniedrigen.

Menschen sind ja nicht eindeutig; im Unterschied zu Büchern kann man von ihnen nicht erwarten, daß sie widerspruchslos sind. Ähnlich wie sein Bruder Max war auch Alfred Weber im Grunde ein leidenschaftlicher Mensch. Aber bei Alfred Weber lag eine mindestens ebenso leidenschaftliche Parteilichkeit weit offener im Kampf mit seiner humanen Toleranz, seiner liberalen Rationalität; sie drang weit direkter und unverhohlener in seine wissenschaftlichen Arbeiten ein. Im Gegensatz zu Max Weber, der sich das nie erlaubt hatte (zum großen Nutzen für die Dauerhaftigkeit seiner Arbeiten), ließ er eine Art von persönlicher Metaphysik seine sachbezogenen Untersuchungen durchdringen und sie mitbestimmen. Hier fand sich, wie von alters her, die Gegenüberstellung einer Gruppe von menschlichen Gebilden, die als ganz auf sich selbst gestellt und so als zwecklos aufgefaßt wurden, und einer von anderen Gebilden, die zweckbestimmt und nützlich sind, mit dem für eine spezifisch deutsche Tradition charakteristischen Wertakzent. Die faktische Unterscheidung ging Hand in Hand mit einer unzweideutigen Verschiedenheit der Bewertung, die die Kultur als eine durch einen besonders hohen Wert ausgezeichnete Gruppe von Gebilden, die Zivilisation als eine Gruppe von weit weniger hohem Wert erscheinen ließ.

Es verhielt sich ganz gewiß nicht so, daß ich diese Sachlage damals mit einem Schlage durchschaute. Aber meine Aufmerksamkeit war durch die Beschäftigung mit der Auseinandersetzung zwischen Thomas und Heinrich Mann einigermaßen geschärft. Auch entging mir zunächst, wie leidenschaftlich das, was sich in der Diltheyschen Manier vielleicht einfach als eine unpersönliche geistige Strömung, als rein ideengeschichtliche Verkettung darstellen ließ, hier in der Person eines Menschen als höchst individuelle, höchst aufrichtige und tief empfundene Überzeugung zutage trat.

Ebensowenig vermochte ich mit einem Schlage zu erkennen, daß der liberal-konservative Kultursoziologe, der Fürsprecher des Geistig-Seelischen, seinen Gegenspieler, den Vertreter alles dessen, was er selbst als bloß zweckbestimmtes und so als flaches Humanitätsideal betrachtete, nicht allein in den relativ anonymen linken Parteiungen und Bewegungen der großen Welt fand. Er fand den Gegenspieler unmittelbar in Heidelberg, in der Person eines anderen Soziologen, in der Person Karl Mannheims.

Karl Mannheim war 1924, als ich nach Heidelberg kam, 30 Jahre alt. Er war in diesen Heidelberger Jahren, angespornt von dem klaren Ziel eines Lehrstuhls der Soziologie, auf dem Höhepunkt seines Schaffens. In diesen Jahren schrieb er *Ideologie und Utopie* und eine Reihe von Aufsätzen, darunter den Vortrag über »Die Bedeutung der Konkurrenz im Gebiete des Geistigen«. Er war ein brillanter Denker, schlagkräftig im Für und Wider der Diskussion. Sein Ehrgeiz – die Konkurrenz im Geistigen war ein ganz persönliches Problem – vertrug sich durchaus mit einer gewissen Unschuld der Einsicht. Wie hart und rücksichtslos er im Konkurrenzkampf sein konnte, schien er selbst nicht zu wissen. Er wußte, daß er besser als der nächste Mann war, daß er den Preis, um den es ihm ging, verdiente. Das verstand sich von selbst. Er meinte nichts Böses, wenn er andere aus dem Felde schlug. Er war sicher, daß er den Preis verdiente.

Und er war in der Tat zumeist besser. Das war einer der Gründe, weshalb sein Ehrgeiz nicht unangenehm war. Er verdiente den Erfolg. Daß er dann schließlich in England, im zweiten Exil – Deutschland war sein erstes – gezwungen war, zum zweiten Mal um einen Lehrstuhl zu kämpfen, kann man ihm kaum verübeln. Wenige Menschen haben es fertiggebracht, zweimal als Exilierte in einem fremden Lande mit einer fremden Sprache, ohne ihrer ganz sicher zu sein, einen ordentlichen Lehrstuhl zu erobern. Mannheim gelang das in der Tat zweimal auf der Flucht vor den Diktatoren: erst in Deutschland, wohin er aus seinem ungarischen Heimatland von Horthy vertrieben worden war; dann zum zweiten Male in England, auf der Flucht vor Hitler. Vielleicht hätte Mannheim Größeres leisten können, wäre ihm die Laufbahn weniger wichtig gewesen. Aber das ist eine Entscheidung, mit der man nicht rechten kann.

Mannheim nahm, wie bekannt, die Marxsche These auf, daß Denken nicht nur interessengebunden sein kann, sondern sein muß, und entwickelte sie in einer bestimmten Richtung weiter. Für Marx war diese These aufs engste mit dem Klassenkampfkonzept verbunden. Und in seiner Fassung hatte sie keine relativierenden Untertöne, denn sie besagte eigentlich, daß nur unterdrückende und ausbeutende Schichten durch ihre Denkbemühungen entsprechend ihrem ökonomischen Interesse die gesellschaftliche Realität entstellen oder verdecken müssen. Wer von den Unterdrückten, also insbesondere von dem industriellen Proletariat her denkt, braucht das Denken nicht ideologisch zu einer Verdunkelung und Entstellung der gesellschaftlichen Verhältnisse zu benutzen. Als Marxist, so läuft das Argument, vermag man also wirklichkeitsgetreu oder, mit anderen Worten, wissenschaftlich über die Gesellschaft zu denken und zu sprechen. In einem schwachen Moment hat Marx diesem Sachverhalt durch die Formulierung Ausdruck gegeben, daß das Sein das Bewußtsein bestimmt. Dieser Gedanke fand seinen Niederschlag in dem Sprachgebrauch Mannheims und seiner Zeitgenossen. Sie sprachen von der »Seinsgebundenheit« des Denkens.

Die Marxsche Formulierung erweckt die Vorstellung eines ontologischen Dualismus, eines gesellschaftlichen Daseins der Menschen ohne Bewußtsein auf der einen Seite und auf der anderen Seite eines Bewußtseins, das von diesem bewußtseinslosen gesellschaftlichen »Sein« passiv hin und her geworfen wird wie ein Kork von den Wellen des Meeres.

In der gleichen Weise legt auch die Mannheimsche Formulierung von der Seinsgebundenheit des Denkens die dualistische Vorstellung von einem schlechthin denkfreien sozialen »Sein« nahe, zu dem das Denken gleichsam als etwas Nachträgliches und Sekundäres hinzutritt. Und auch hier wird eine simple Billardkugel-Kausalität impliziert: Veränderungen des denkfreien Seins als Ursache sind verantwortlich für Veränderungen des Denkens als ihre Wirkung. Daß Gedanken, die den Anspruch erheben, richtig zu sein, sich beim näheren Zusehen als Kampf- oder Propagandamittel bestimmter Gruppen oder Personen in ihren Auseinandersetzungen mit anderen Gruppen erweisen, läßt sich häufig genug beobachten. Und wenn man solche Funktionen von Ideen systematisch untersucht, dann beschäftigt man sich mit einem genuinen soziologischen Problem von großer Wichtigkeit.

Die Behandlung dieses wichtigen Problems durch Mannheim wie durch Marx leidet darunter, daß sie es formulieren, ohne der Tatsache Rechnung zu tragen, daß Bewußtsein und Denken selbst konstitutive Bestandteile der menschlichen Gesellschaft sind. Das ganze Funktionieren des gesellschaftlichen Zusammenlebens der Menschen wird von der Art ihrer bewußten Sicht dieses Zusammenlebens, es wird von dem, was sie denken, und der Art, wie sie denken, beeinflußt. Die dualistische These von dem bewußtseinsfremden Sein und dem seinsfremden Bewußtsein ist eine Fiktion. Aber Mannheim hielt sich an diese Fiktion. Er ging insofern über Marx hinaus, als er postulierte, man dürfe nicht allein das Denken des Gegners als standortbezogene Ideologie wahrnehmen und auf diese Weise seinen Wahrheitsanspruch destruieren. Es genüge auch nicht die partielle Bezogenheit bestimmter Bewußtseinsgehalte; man müsse vielmehr die Totalität des Bewußtseins als Ausdruck einer bestimmten »Seinslage«, als standortgebunden aufweisen, und zwar nicht nur die Totalität des Bewußtseins anderer, gegnerischer Gruppen oder Menschen, sondern auch die Totalität des eigenen Bewußtseins. Damit fand er sich in einer Denkfalle, die ein wenig der berühmten Falle eines Kreters ähnelt, von der die alten Philosophen berichten. Ein Philosoph aus Kreta sagte: Alle Kreter sind Lügner. Da er selbst ein Kreter war, muß man diese Aussage als Lüge ansehen. Aber wenn es eine Lüge ist, daß alle Kreter lügen, dann ist es ja wahr. Aber wenn es wahr ist, daß alle Kreter lügen, dann ist diese Aussage doch auch eben eine Lüge, usw. Wenn alle Aussagen seinsgebundene Ideologien sind, dann ist auch diese Aussage eine seinsgebundene Ideologie. Wer diese Meinung vertritt, kann also seiner eigenen Meinung nach nichts anderes produzieren als Ideologie. Wozu also sich noch die Mühe machen, Forschungen zu unternehmen, da doch jede Aussage standortgebunden und in diesem Sinne Ideologie ist?

Mannheim hatte nicht nur das Vermögen, seine Anschauungen mit brillanter Ausdruckskraft und großer Vitalität darzustellen. Was er zu sagen hatte, war wirklich von großer Bedeutung und wurde durchaus nicht ganz zu Unrecht als revolutionär empfunden. Eine lange, mächtige und respektierte Tradition ließ die Gedanken des einzelnen Menschen, seine oder ihre ›Ideen‹ als autonome, völlig auf sich gestellte und so gleichsam freischwebende Gebilde erscheinen. Die gängigen Begriffe selbst, Begriffe wie ›Geist‹, ›Ideen‹, ›Gedanken‹, gaben dieser Vorstellung Nahrung, und weite, hochgeachtete Wissenschaftsbezirke wie etwa die der Geisteswissenschaften und der Ideengeschichte dienten offensichtlich der Erforschung solcher freischwebenden Gedankengebilde. Gewiß, Marx und Engels hatten die Entlarvung der individuellen Ideen als mögliche Ideologie herrschender Klassen begonnen. Aber nun kam Mannheim und war, so schien es zunächst einmal, in bestimmter Hinsicht viel radikaler als Marx. Was er im Grunde postulierte, war, daß man alle Ideen, also jegliches Denken schlechthin, die Ideen von Marx und konsequenterweise auch die eigenen Ideen eingeschlossen – um in seiner Sprache zu reden, die im Grunde noch die von Marx war –, als »seinsbezogen« verstehen müsse, als Ausdruck eines den Blick begrenzenden »Standorts« in den sozialen Parteikämpfen. Das bedeutete die radikale Entthronung der Selbständigkeit des »Geistes«, die totale Entlarvung der Ideen als Ausdruck einer standortgebundenen Parteilichkeit.

Wenn man diese Position zu Ende dachte, so bedeutete sie eigentlich den totalen Ruin aller Denkbemühungen der Menschen. Mannheim selbst schreckte vor dieser Konsequenz seiner eigenen Position zurück. Um der Verzweiflung des totalen Relativismus zu entgehen, prägte er als Mittel der Entgiftung des rein destruktiven Relativismus den Begriff des Relationismus. Jeder Mensch, so etwa sah das aus, ist gewiß in seinem Denken ›seinsgebunden‹. Andere Menschen, besonders Menschen mit einer anderen Klassenlage, haben eine andere Teilperspektive auf die Welt. Könnte man nicht vielleicht sagen, die ›Wahrheit‹ sei die Gesamtheit dieser Teilperspektiven?

Mannheim experimentierte mit einer Reihe von Gedanken, mit deren Hilfe er aus der Falle des Relativismus, in die er geraten war, wieder herauszuklettern versuchte. Dies, der Relationismus oder Perspektivismus, war eines der Rettungsseile. Wie hilfreich es war, ist nicht leicht zu sagen, da ja dem Ideologiebegriff immer die Vorstellung einer durch Interessen bestimmten Verfälschung anhaftet, dem Perspektivenbegriff dagegen die Vorstellung einer partiellen Richtigkeit der Sicht. Wo kommt die Teil-Richtigkeit her, wenn alles Denken Ideologie ist? Ein anderes Rettungsseil, mit dem Mannheim experimentierte, war der Gedanke, daß Gruppen von Intellektuellen, die ökonomisch nicht ebenso fest wie Unternehmer und Arbeiter in die Konfliktsituation der Klassen eingebunden sind, in ihrer Einstellung vielleicht weniger eng an Klassenideologien gebunden, in ihrer Perspektive auf die Gesellschaft vielleicht weniger unmittelbar durch wirtschaftliche Interessen beeinflußt sind als die ökonomischen Klassen.

Der Zwang der Zwickmühle, in der sich Mannheim fand, wurde dadurch gewiß nicht verringert, daß seine eigenen politischen Sympathien bei der gemäßigten Linken lagen und daß sich die Hoffnung eines Privatdozenten auf einen der wenigen Lehrstühle der Soziologie in der ersten deutschen Republik kaum realisieren ließ ohne die aktive Hilfestellung einer einflußreichen Parteiorganisation. Mir ist oft die Frage durch den Kopf gegangen, ob die Tatsache, daß Mannheim der Utopie, die ja schließlich auch den Charakter einer Ideologie hat, trotz seines totalen Ideologiebegriffes gleichsam eine Sonderstellung außerhalb der Ideologien zuschreibt, darauf zurückzuführen ist, daß er unwillkürlich versuchte, den Sozialismus aus der Relativierung als Ideologie herauszuhalten.

III. Alfred Weber und Karl Mannheim (2)

Ganz gewiß kam mir in meiner Beunruhigung über den unwissenschaftlichen Charakter soziologischer Theorien Mannheims Ideologiebegriff sehr zustatten. Es gab da eine offensichtliche Konvergenz der Empfindungen und des intellektuellen Interesses. Erst allmählich wurde mir klar, daß es Unterschiede gab. Mannheim sah mit großer Schärfe den Zusammenhang zwischen den Anschauungen bestimmter Menschen und Menschengruppen über die Gesellschaft und der sozialen Position dieser Menschen, insbesondere ihrer Interessenlage, in der Gesellschaft. Und er hat in seiner Abhandlung über das konservative Denken ein Musterbeispiel der Ideologieanalyse gegeben. Aber er blieb an diesem Punkt stehen. Er kam und wollte wohl auch eigentlich nicht über die kritische Entlarvung des Gedankengebäudes anderer Menschen als eine Ideologie hinaus. Er begnügte sich mit ihrer Relativierung und Destruktion. Für mich war die Ideologiekritik nur ein Mittel zum Zweck, nur ein Schritt auf dem Wege zu einer Gesellschaftstheorie, die der Tatsache Rechnung trug, daß sich sowohl wirklichkeitsverhüllendes wie wirklichkeitsenthüllendes Wissen beobachten ließ. Das Wissen eines Arztes vom menschlichen Körper, das heilen kann, ist keine Ideologie. Warum soll man nicht in der Lage sein, nicht-ideologisches Wissen von der menschlichen Gesellschaft zu produzieren?

Die Zusammenarbeit mit Mannheim war und blieb eigentlich immer erfreulich, in Heidelberg wie später in Frankfurt. Er war, wie gesagt, in Heidelberg auf dem Höhepunkt seines geistigen Schaffens; er besaß nicht nur eine enorme Intelligenz, sondern auch ein großes Geschick im Argumentieren, dessen hohes Abstraktionsniveau die oft zerstörerische Schärfe seiner Angriffskraft leicht verdeckte. Alles das zog intelligente Studenten an, gelegentlich auch Studentinnen, die in Heidelberg noch sehr in der Minderheit waren.

Als Privatdozent war Mannheim Alfred Weber, dem Ordinarius, offenbar an Macht und Ansehen unterlegen. Aber eine ganze Reihe von Menschen sahen in ihm den kommenden Mann der Heidelberger Soziologie. Obgleich ich selbst an Alfred Webers wie an Mannheims Seminaren teilnahm, merkte ich zunächst nichts von der im Untergrund schwelenden Rivalität zwischen den beiden Männern. Der Verkehrston der Menschen im Umkreis der Heidelberger Universität war damals noch gemäßigt. In ihren Äußerungen übereinander, soweit ich sie zu hören bekam, waren Weber wie Mannheim äußerst vorsichtig.

Um so erstaunlicher war es, als die Gegnerschaft der beiden Männer plötzlich offen zutage trat. Die Veranstaltung, auf der das geschah, war der sechste Deutsche Soziologentag in Zürich. Es war nicht ganz gewöhnlich, daß man bei einer solchen Gelegenheit einem Privatdozenten eines der Hauptreferate übertrug. Ich selbst war mit diesen Problemen der Etikette nicht recht vertraut. Man sah es noch als weitgehend selbstverständlich an, daß bei solchen Ereignissen die Redner in streng hierarchischer Ordnung auftraten, erst die höchstrangierenden Ordinarien, besonders Geheimräte wie Alfred Weber und Sombart, dann die jüngeren Professoren, die gewöhnlich auch noch nicht ein so hohes Renommee besaßen, dann die Privatdozenten, und schließlich ließ man auch junge Doktoren, wie ich es war, die zumeist inoffizielle Anwärter auf eine Habilitation als Privatdozenten waren, etwas in der Debatte sagen, wenn sie es wollten. So war es wohl an sich schon ein Zeichen für den großen Ruf, den sich Mannheim erworben hatte, daß man ihm eines der Hauptreferate des Soziologentages anvertraute.

Zur Diskussion stand eines seiner Zentralprobleme, das Problem der sozialen Konkurrenz. Der Altmeister der deutschen Soziologie, Leopold von Wiese, der damalige Herausgeber der *Kölner Zeitschrift*, hielt den ersten Vortrag zu diesem Thema, Mannheim den zweiten unter dem Titel: »Die Bedeutung der Konkurrenz im Gebiete des Geistigen«. Es war eine blendende Vorführung, ein Feuerwerk anregender Einsichten, dessen Gedankenfülle vielleicht besonders hervortrat beim Vergleich mit dem vorangehenden Referat, das das Problem der Konkurrenz mehr formalistisch und trockener behandelte. Auch die Diskussionsredner – unter ihnen Werner Sombart, die Nationalökonomen Emil Lederer und Adolf Loewe und ich selbst – zollten Mannheim Beifall. Es gab eine einzige ausgesprochen feindliche Stimme, die Alfred Webers. Und von dem Antagonismus dieser zwei Menschen, der damals, soweit ich weiß, zum ersten Mal ohne Verhüllung öffentlich sichtbar wurde, will ich etwas erzählen. Er war nicht uncharakteristisch für die Lage der deutschen Soziologie und *cum grano salis* der deutschen Gesellschaft in den zwanziger Jahren. Für mich stellte er eine Fortführung und eine neue Version des Streites dar, dem ich zuerst in Thomas Manns *Betrachtungen eines Unpolitischen* begegnet war, in der Auseinandersetzung des konservativen Thomas mit seinem mehr linksgerichteten Bruder Heinrich Mann und dessen Geistesverwandten. Ich kannte beide Menschen; mir, einem Neuling, brachte das Aufflackern der Feindseligkeit zwischen ihnen besonders eindringlich zum Bewußtsein, wie stark diese politischen Differenzen waren oder, mit anderen Worten, wie sehr eben jene Konkurrenz der Parteien, deren Abdruck im »Geistigen«, wie man es damals noch nannte, das Thema des Mannheimschen Vortrags bildete, Mannheims und Webers eigene soziologische Lehrmeinung bestimmte.

Ich kann es mir ersparen, ausführlicher auf Mannheims Referat einzugehen, da es in der von Kurt H. Wolff unter dem Titel *Wissenssoziologie* herausgegebenen Auswahl aus seinem Werk wieder abgedruckt worden ist.[6] Aber vielleicht kann ich ein paar Schlaglichter setzen, die die Natur dieser Kontroverse zwischen zwei führenden Soziologen der Zeit verdeutlichen.

Mannheim war ohne Zweifel der Herausforderer. Ich habe mich oft gefragt, wieweit er sich dessen bewußt war, und konnte mir keine klare Antwort geben. Ich selbst, als der Jüngere und weitaus Machtlosere, bedeutete nie eine Gefahr für ihn. Unsere Zusammenarbeit in Heidelberg, und später in Frankfurt, war so gut wie reibungslos. Aber mit älteren Menschen, besonders wenn sie einen höheren Status beanspruchten, geriet er schnell in einen Konkurrenzkampf, den er selbst mit ziemlicher Härte und Unerbittlichkeit zu führen verstand. Als er ins Exil mußte und ihm in England eine Position an der *London School of Economics* angeboten wurde, verwickelte er sich schnell genug in einen Konkurrenzkampf mit dem dort heimischen Soziologen Morris Ginsberg, der ihm zu der Stellung verholfen hatte.

6 K. Mannheim, *Wissenssoziologie,* Berlin/Neuwied 1964 (Soziologische Texte, Bd. 28), S. 566–613.

Ich bin ziemlich sicher, daß er sich dieser Zwangsläufigkeit seines Lebens kaum bewußt war. Mannheim besaß, wie schon erwähnt, eine beinahe kindliche und jedenfalls entwaffnende Unschuld. Morris Ginsberg, ein Schüler von Hobhouse, war ein kluger Kritiker aller Unreinlichkeiten des soziologischen Denkens; er hatte einen starken moralischen Sinn und war an philosophischen und soziologischen Problemen der Ethik interessiert. Für Mannheim stand es außer Zweifel, daß er selbst der bessere Soziologe war. Vielleicht war er das auch. Aber er zögerte nicht, es auch zu sagen. Seine Vorlesungen waren lebhaft und interessant. Die Studenten strömten ihm zu. Morris Ginsberg, ein leicht negativistischer, aber herzensguter Mann und in seiner Weise nicht weniger intelligent als Mannheim, war tödlich verletzt. Schließlich wurde die Situation unerträglich. Ginsberg erklärte: er oder ich. Und sein College, die *L. S. E.*, hielt, wie sich versteht, an dem Ihren fest und ließ den Neuankömmling gehen.

Aber das lag zur Zeit des Züricher Soziologentages noch weit in der unbekannten Zukunft. Später, im ersten Jahr des Krieges, als mir Ginsberg in Cambridge – wohin die *L. S. E.* evakuiert war – immer noch bitteren Herzens von dieser schmerzhaften Kraftprobe mit Mannheim erzählte, erinnerte ich mich wieder der erregten Rede Alfred Webers auf jenem Soziologentag 1928.

Mannheim begann mit einer Einleitung, die der allgemeinen Bestimmung seiner eigenen theoretischen Position diente und die für jeden, der hören konnte, zugleich auch eine Bestimmung seiner politischen Position war. Es gibt, so sagte er, in bezug auf die Bedeutung der Konkurrenz für die geistigen Gebilde zwei extreme Positionen. Die erste schreibt der Konkurrenz allenfalls eine periphere Rolle für die Genese geistiger Gebilde zu; die zweite eine absolut konstituierende. Im letzteren Falle läßt man also die geistigen Gebilde in dem sozialen Leben aufgehen. Zum

Unterschied von diesen beiden extremen Meinungen erkenne er selbst, sagte Mannheim, der Konkurrenz nur eine mitkonstituierende Rolle zu. Wie man leicht sieht, waren das Codeworte. Sie bezeichneten den Standort Mannheims als nicht-idealistisch und nicht absolut materialistisch, aber doch teilweise anerkennend, daß soziale Determinanten, also etwa die Konkurrenz der politischen Parteien, mitbestimmend seien für die Gestalt geistiger Gebilde.

Wenn man sich heute Mannheims Vortrag wieder durchliest, dann kann man leicht nachvollziehen, warum diese Ausführungen auf einem selten zu findenden intellektuellen Niveau mit ihrem Reichtum an neuen Gedanken eine höchst faszinierende Wirkung auf viele Zuhörer hatten. Man konnte spüren, wie sehr das Thema »Die Bedeutung der Konkurrenz im Gebiete des Geistigen« Mannheim lag. Er hatte ihm eine völlig unpersönliche und sachliche Gestalt gegeben und ahnte wahrscheinlich durchaus nicht, daß es auch eine ganz persönliche Bedeutung hatte und daß er zugleich über ein Zentralthema seines eigenen Lebens sprach. Jedenfalls schuf er in diesem Vortrag ein Rahmenwerk neuer Gedanken, die von seiner genuin soziologischen Intuition zeugten. Noch fehlte (und fehlt) es an empirischen Komplementäruntersuchungen, die in vollem Maße die Fruchtbarkeit solcher Ideen erweisen können. Es ist sicherlich schade, daß systematische Ideologiestudien bis in unsere Zeit nicht zum Tagesprogramm der Soziologie gehören. Aber vielleicht bedürfte es dazu theoretischer und empirischer Modelle für die sorgfältige Kleinarbeit, die dabei nötig wäre, und besonders einer Theorie des menschlichen Wissens als eines langfristigen sozialen Prozesses, die noch allzu weit im Felde liegt.

Mannheim wählte als Ausgangspunkt und Gegenbild die konkurrenzlose Einheitlichkeit der Weltauslegung und des Denkstils der mittelalterlichen Kirche. Nach dem Zerbrechen dieser Einheit etablierten sich in Europa eine Fülle konkurrierender Lebenskreise, vergleichbar der Fülle der Samenkörner beim Sprengen der Fruchtkapsel einer Pflanze. Jeder dieser Lebenskreise, z. B. Hof, Adel, Patriziat, mittleres und unteres Bürgertum, hatte eine Weltauslegung und einen Denkstil eigener Art, die man aus seiner »Seinslage«, seiner sozialen Situation, seinen gesellschaftlichen Interessen erklären kann.

Mannheim gebraucht hier und überall als *terminus technicus* den Ausdruck von der Seinsbezogenheit des Denkens und Wissens, in offensichtlicher Anlehnung an den Marxschen Wortgebrauch, in dem das »Sein« dem »Bewußtsein« gegenübergestellt wird. Er übernahm hier voll und ganz den Marxschen Dualismus, der das Denken und Wissen als etwas außerhalb des gesellschaftlichen Seins Existierendes erscheinen läßt und so Sein und Bewußtsein in ein Kausalverhältnis zueinander bringt – das Sein als Ursache, das Bewußtsein als Folge.

Die Relativierung und Destruktion allen Denkens und Wissens durch seine Zurückführung, als Folgeerscheinung, auf ein gedankenloses materielles Sein steht und fällt mit der Annahme dieses existentiellen Dualismus. Mannheim ging in dieser Hinsicht bis zum bitteren Ende. Er war bereit, alles zu relativieren, die eigene Position mit eingeschlossen. Gelegentlich einmal verwies er auf Descartes als ein Muster. Man muß alles bezweifeln. Das war das Ideal. Aber bei Descartes blieb das eigene Denken unbezweifelbar und undestruierbar, es blieb der feste Pol in der Erscheinungen Flucht. Es war nie ganz sicher, was oder ob etwas an gesichertem, wirklichkeitskongruentem Wissen, das doch in Hülle und Fülle vorhanden ist, bei Mannheim übrigblieb.

Er ging weiter und schilderte, wie sich aus der Vielfalt der Lebenskreise und Denkformen nach dem Zersprengen der mittelalterlichen Einheit durch eine Art von Konzentrationsprozeß, den er mit der wirtschaftlichen Konzentration der vielen Märkte zu größeren Märkten verglich, eine Reihe

miteinander konkurrierender seinsbezogener Denkplatt-
formen heraushob. Die Konzentration verschiedener nationaler Aufklärungsbewegungen zur Plattform des Liberalismus forderte durch die Wirkung der Konkurrenz zur
Bildung einer konservativen Plattform heraus. Er beschrieb
mit einigen Details die Eigenart der liberalen und konservativen Plattformen, relativierte beide, indem er mit kurzen
Strichen auf die zugehörigen sozialen Standorte hinwies,
und erwähnte im Vorbeigehen dabei auch den Namen Alfred
Webers. Man konnte bei Mannheim nie sicher sein, ob ihm
der relativierende und destruierende Charakter seiner Bemerkungen über den Liberalismus bewußt war. Kein Zweifel, daß sie von Alfred Weber selbst als Destruierung seines
eigenen weltanschaulichen und politischen Glaubensbekenntnisses empfunden wurden, vielleicht sogar als Relativierung des sozialen und politischen Glaubensbekenntnisses seines verehrten Bruders Max. Bewußt oder nicht, es war
für alle erkennbar eine Kampfansage und Herausforderung
an Alfred Weber; sie wirkte auf ihn wie ein rotes Tuch.

Mannheim fuhr ruhigen Herzens fort; er suchte die
»Seinsrelativität« der verschiedenen politischen Plattformen
und deren Polarisation durch ihre verschiedene Stellungnahme zu ein und demselben Problem zu veranschaulichen.
Er wählte dazu, vielleicht in aller Unschuld, ein Problem aus
dem Arbeitsbereich von Max Weber, das Problem der Wert-
freiheit. Alfred Weber verstand ohne Zweifel sein eigenes
soziales Glaubensbekenntnis ebenso wie das seines Bruders
Max als Spielart des Liberalismus, und man kann nicht ver-
hehlen, daß Mannheims Schilderung des Liberalismus dem
Glaubensbekenntnis Alfred Webers nicht recht entsprach,
obgleich Mannheim sich ganz direkt auf Alfred Weber und
ein angebliches Zitat von ihm berief. Vielleicht verstand Alfred Weber diese Darstellung eher als eine Karikatur.

Der Liberalismus, so führte Mannheim aus, habe eine
stark intellektualistische Seelenhaltung. Seine Vertreter

suchten das Rationale vom Irrationalen, also von Wertungen, reinlich zu trennen und freizuhalten. Indem Mannheim selbst die totale Durchdringung allen Denkens, des proletarischen wie des bürgerlichen, durch die Seinsbezogenheit der Interessen darzulegen suchte, stellte er hier das Weltbild von Max und Alfred Weber gleichsam als das polare Gegenbild zum eigenen hin. Das liberale Bürgertum, so sagte er, wolle in typisch intellektualistischer Weise die Irrationalität der Spannungen zwischen Verschiedendenkenden aus dem Wege räumen zugunsten der Einheitlichkeit der *ratio*, der menschlichen Vernunft. Überdies hätten Liberale und Demokraten als Parteien der Mitte, ihrer gesellschaftlichen Lagerung entsprechend, eine Neigung, nach einer vermittelnden Diskussionsbasis zu suchen. Das Verständnis für Gegensätzlichkeiten der Wertungen und Ideen, die in der Gegensätzlichkeit der Seinslage ihren Grund hätten, gehe Liberalen und Demokraten ab.

In ähnlicher Weise verarztete Mannheim dann den Konservatismus und den Sozialismus. Zum letzteren, zu der Anschauung des zum Klassenbewußtsein erwachenden Proletariers, sagte er, daß von ihm das weltanschaulich Irrationale nicht nur im Begriff der Wertung, sondern auch in dem des Interesses entdeckt werde. Hier unterschied er zwei Richtungen. Die eine, dem Liberalismus verwandte, verstehe sich, so legte Mannheim dar, ebensowenig wie dieser auf den seinsverbundenen, also ideologischen Charakter allen Denkens; die andere, die Linie von Marx und Lukács, verstehe zwar den interessengebundenen Charakter allen Denkens, versäume es aber, die Einsicht auf sich selbst anzuwenden. Diese Richtung, obgleich ihr Denken nicht weniger interessengebunden sei als das aller anderen sozialen Glaubensbekenntnisse, postuliere einfach eine prästabilierte Harmonie zwischen dem eigenen Denken und der Wahrheit. Das Klasseninteresse des Proletariats werde hier ganz einfach mit dem Interesse der Gesamtheit der Menschen gleichgesetzt, und das Klassenbewußtsein des Proletariats erscheine dann als das adäquat richtige Bewußtsein.

Mannheim war, wie man sehen kann, ganz konsequent in der totalen Relativierung aller parteilichen Glaubenssysteme. Die verschlüsselte Sprache der Soziologen der zwanziger Jahre war, wie man leicht erkennt, etwas verschieden von der der Soziologen der achtziger Jahre. Und die Schwierigkeiten, die sich ergeben, weil die modischen Schlüsselworte der einen Generation von der nächsten nicht mehr recht verstanden werden, können daran erinnern, daß auch in der Soziologie die Chance der Dauerhaftigkeit von Forschungsergebnissen, die in Büchern oder Artikeln niedergelegt sind, um so größer ist, je einfacher die Darstellung, je geringer der Gebrauch von modischen und generationsbedingten Schlüsselworten ist. Ich habe versucht, die totale Relativierung und Ideologisierung des gesamten Glaubens- und Denkspektrums unserer Tage, die trotz aller einschränkenden Klauseln das Kernstück der Mannheimschen Soziologie bildete, in der Form eines repräsentativen Beispiels vorzuführen. Mannheims Kunst, alle politischen Glaubenssätze und Denkformen als Ideologie darzustellen, erscheint mir als durchaus fruchtbar. Ich bin allerdings sicher, daß man bei dieser Relativierung nicht stehenzubleiben braucht.

Aber im vorliegenden Zusammenhang möchte ich mich darauf beschränken, die Erinnerung an die Kontroverse zwischen Alfred Weber und Karl Mannheim wieder zu erwecken, die nun plötzlich auf diesem Soziologentag aus der Kulisse ins Rampenlicht trat. Wenn man heute den Bericht über die Verhandlungen des sechsten Deutschen Soziologentages liest[7], kann einem leicht entgehen, daß die Diskussionsrede Alfred Webers, die dem Vortrag von Mannheim

---

7 *Verhandlungen des Sechsten Deutschen Soziologentages vom 17. bis 19. September 1928 in Zürich*, Tübingen 1929 (Diskussion über v. Wieses und Mannheims Vortrag S. 84–124).

folgte, der plötzlich zutage tretende Ausbruch eines längst vorhandenen, aber gewöhnlich durch Höflichkeiten verkleideten Zwiespalts zwischen den beiden Heidelberger Soziologen war, der auch auf die Lage der Soziologie in den zwanziger Jahren einiges Licht wirft. Ob absichtlich oder nicht, Mannheim hatte sicherlich den Ärger Alfred Webers durch seine relativierende Darstellung des Liberalismus und die halbversteckte Attacke gegen Max Webers Vorstellung einer möglichen Freisetzung soziologischer Untersuchungen von politischen Werthaltungen ein wenig provoziert. Es dürfte ihm kaum entgangen sein, daß er selbst im Kreise Alfred Webers, wenn nicht geradezu als Zivilisationsliterat, so doch oft genug als Intellektualist gekennzeichnet worden war. Nun die Waffe umzukehren und, versteckt hinter dem Schlüsselwort Liberalismus, Alfred Weber seinerseits als Intellektualisten anzuprangern, war die Höhe der Ironie.

Alfred Weber war ein höflicher und zivilisierter, aber, wie gesagt, ein leidenschaftlicher Mann. Er konnte seinen Ärger in diesem Falle nur schwer verbergen. Er verzichte, so sagte er, auf die nun schon gewohnheitsmäßig übliche höfliche Vorrede, die *captatio benevolentiae*, obgleich, so fügte er höflich hinzu, der geistvolle Vortrag sie gewiß verdiene. Er stimme auch mit einigem von dem, was Mannheim Seinsgebundenheit genannt habe, überein. Aber – und damit wandte er sich direkt an Mannheim – »es handelt sich ... in Wahrheit um das, was hinter den Kulissen Ihrer Betrachtungsweise steckt, und ich glaube, man wird ihr nicht gerecht, ohne daß man – auf die Gefahr hin, daß man dabei sich irrt – den Versuch macht, die Kulissen etwas beiseite zu schieben ...: was ist denn das eigentlich Lebenswichtige und die Bedeutung jener Relationierung des Denkens – so nannten Sie es –, die von Ihnen heute uns so glänzend wahrscheinlich gemacht worden ist?«

Wenn es um Improvisieren in der freien Diskussion ging, war Alfred Weber kein besonders guter Redner, erst recht nicht, wenn er erregt war. Wie viele leicht erregbare, aber selbstkontrollierte Menschen konnte er sich nur schwer ohne Umschweife, ja sogar ohne sich zu entschuldigen, eine direkte und unverhüllte Attacke gegen einen anderen Menschen erlauben. In diesem Falle brauchte er mehr als zwanzig Minuten – mehr als die erlaubte Redezeit –, um seinem Ärger direkt Ausdruck zu geben. Aber obgleich er manchmal unter dem Druck der Erregung etwas stammelte und die Sätze nicht zu Ende brachte, seine Argumente waren völlig klar. Natürlich gebe es seinsgebundenes Denken, sagte er, aber es gebe auch anderes. Und nicht alles seinsgebundene Denken sei von der Art, die Mannheim beschrieben habe. Offensichtlich sei das naturwissenschaftliche Denken nicht seinsgebunden und relativierbar in dem Mannheimschen Sinne. Ob nicht im mythischen Denken der Griechen und anderer Völker menschliche Daseinsbedingungen zutage treten, die nicht in der vorgeführten Weise relativierbar seien, müsse als offene Frage betrachtet werden. Übrigens sei, so führte Weber aus, die Seinsgebundenheit des Denkens vielfältiger, als Mannheim es angedeutet habe. Jeder Historiker wisse, daß die Denkweisen der Griechen und anderer Völker der Antike und ganz allgemein die Kategorialapparaturen einfacherer Völker von den unseren verschieden seien. Da gebe es auch eine Seinsgebundenheit des Denkens, die der Untersuchung wert sei, und dasselbe gelte von der Verschiedenheit der nationalen Denkformen. Die Franzosen hätten Begriffe, die sich kaum ins Deutsche übersetzen ließen, und umgekehrt.

Und dann brachte er sich dazu, das für ihn Entscheidende zu sagen. Es enthielt zugleich auch die Antwort auf Mannheims Stigmatisierung des Liberalismus als intellektualistisch: »Was ich in Ihren Ausführungen vermisse, ist die Anerkennung des geistig Schöpferischen als Unterlage des Handelns, auch der Klassen z. B. Was ich ablehne: die Reduzierung aller dieser Dinge letzten Endes auf intellektuelle

Kategorien mit Hinzunahme einiger – entschuldigen Sie – der alten materialistischen Geschichtsbetrachtung zugehörigen soziologischen Kategorien. Sie haben von sozialen Machtpositionen gesprochen, von Wollungen, die daraus hervorgehen, von einer öffentlichen Auslegung des Seins, die sich mit diesen Machtpositionen und Wollungen kombiniert... Was ist das anderes als eine mit außerordentlicher Feinheit glänzend wieder vorgetragene materialistische Geschichtsauffassung? Nichts anderes ist es im Grunde... Ich will nur konstatieren: Das ist meine Meinung, daß dieser, ich möchte sagen: sublimierte Intellektualismus, der in außerordentlicher Grazie und Feinheit Probleme, die letztlich Probleme vorwiegend seelischer Natur sind, immer ohne seinen Bereich abzugrenzen, in diesen Kategorien darstellt, doch natürlich ganz genau denselben Effekt haben muß... wie der vergröberte Intellektualismus, den die alte materialistische Geschichtsauffassung vertritt.«

Ich selbst versuchte dann – in der begrenzten Zeit, die einem jüngeren Soziologen noch ohne Amt und Würden für seinen Diskussionsbeitrag zur Verfügung stand –, den Gegensatz von Weber und Mannheim (nicht ganz zu Recht) in einem Sinne zu deuten, der mir heute vertrauter ist als Auseinandersetzung zwischen dem Vertreter des Denkens in ewigen Gesetzen und dem Vertreter des Denkens in strukturierten Prozessen – nicht ganz zu Recht, denn Mannheim sah zwar den geschichtlichen Strom, aber er sah ihn relativistisch, als ein bloßes unstrukturiertes Kommen und Gehen. Er kam aus dem Relativismus nicht heraus, weil die Natur langfristiger ungeplanter, aber gerichteter gesellschaftlicher Prozesse – unter anderem auch des Wissens – noch außerhalb seines Horizontes lag.

Was, wie mir scheint, diese Debatte mit besonderer Schärfe verdeutlicht, ist die zentrale Rolle, die in der deutschen Soziologie der zwanziger Jahre die Auseinandersetzung mit dem Werk von Marx, mit der materialistischen

Geschichtsauffassung spielte. Die Soziologie Mannheims wie die von Max und Alfred Weber lassen sich im Grunde nur als verschiedene Formen dieser ständigen Auseinandersetzung mit der Marxschen Gesellschaftslehre begreifen. Sie alle stellten Versuche dar, die Marxsche Theorie der Gesellschaft und der Geschichte zu überwinden. Mannheim tat das unter anderem, indem er die dualistische Vorstellung, daß das Sein das Bewußtsein prägt, auch auf den Marxismus selbst anzuwenden versuchte. Max Weber tat es mit größter Vorsicht, unter anderem indem er durch den Begriff des Wirtschaftsethos der Religionen der Hypothese Rückhalt zu geben versuchte, daß Religionen eben durch ihr Wirtschaftsethos einen aktiven Anteil an der Gestaltung wirtschaftlicher Strukturen haben können. Alfred Weber versuchte es dadurch, daß er der Kultur eine relative Autonomie gegenüber den wirtschaftlichen Entwicklungen zuschrieb, und zugleich auch dadurch, daß er der Beschäftigung mit den empirisch faßbaren Interessen sozialer Gruppen eine empirisch kaum faßbare Sphäre des Geistig-Seelischen entgegenstellte.

Vielleicht sollte ich noch hinzufügen, daß die Aktualität dieser Auseinandersetzung und des Problems der Weiterbildung der Soziologie über die marxistische Theorie hinaus heute nicht weniger groß und akut ist als in den zwanziger Jahren. Aber mir scheint, daß alle Versuche, wie der große Krumme den Berg zu umgehen, der der Weiterentwicklung der Soziologie im Wege steht, vergeblich sind. Marx hat eine Theorie langfristiger gesellschaftlicher Prozesse entworfen, die einer Teilsphäre der Gesellschaftsentwicklung die Funktion des Motors der Gesamtentwicklung zuteilt. Ich bin sicher, daß man an dieser Hypothese nicht vorbeigehen kann. Sie ist unentbehrlich. Jede zukünftige soziologische Theorie wird, so scheint es mir, in ihrem Kern eine Theorie langfristiger gesellschaftlicher Prozesse enthalten müssen.

Was man ebenfalls schon heute mit Sicherheit sagen kann,

ist, daß die Beschränkung der Antriebskraft gesellschaftlicher Prozesse auf eine einzelne Sphäre des Zusammenlebens, auf die ökonomische Sphäre, den belegbaren Tatsachen nicht gerecht wird. Auch noch andere als ökonomische Antriebe sind bei der ungeplanten Gesellschaftsentwicklung am Werk. Zu ihnen gehören vor allem auch die Antriebe, die die Gesellschaftsentwicklung aus zwischenstaatlichen oder – auf einer früheren Stufe – aus Stammeskonflikten erhält, also aus der Konkurrenz der großen und kleinen Überlebenseinheiten. Zu ihnen gehören weiterhin Antriebe, die die Gesellschaftsentwicklung aus Fortschritten in der Entwicklung der Orientierungsmittel, also des Wissens, erhält. In der Tat, das Bedürfnis nach Orientierung, nach Wissen, ist ebenso elementar wie das Bedürfnis nach Brot, nach etwas, das den Hunger stillen kann, und das eine läßt sich nicht ohne das andere befriedigen: das Bedürfnis nach Wissen – unter anderem auch, wie man den Hunger stillen kann – nicht, ohne daß man den Hunger zu stillen vermag, und das Vermögen, ihn zu stillen, seinerseits nicht ohne Wissen. Zu den wichtigsten Aufgaben, die vor uns stehen, gehört die, das menschliche Wissen von dem Bannfluch zu befreien, den soziologische Relativisten und ökonomische Materialisten auf der einen Seite und philosophische Nominalisten auf der anderen darauf gelegt haben. Die Entwicklung der Produktionsmittel, die der Gewaltmittel, der Selbstkontrollen und der Orientierungsmittel verschränken sich, sie sind interdependent und haben zugleich eine relative Autonomie. Keine der vier läßt sich einfach als Überbau auf eine der anderen reduzieren. Es gibt eine begrenzte Reihe von Antrieben anderer Art, aber diese vier liefern bereits einen Eindruck von der Richtung, in der es weitergeht.

Der schwelende Konflikt zwischen Alfred Weber und Karl Mannheim, der dann auf dem Züricher Soziologentag einen Moment lang offen zutage trat, erinnert mich an ein

Problem, das mir selbst immer wieder begegnet. Wissenschaftler können einander sehr tief verletzen, sie können durch fundierte und gezielte Angriffe die Lebensarbeit eines anderen Menschen entwerten. Wann und wie weit ist es notwendig und berechtigt, das zu tun? Ich habe es viele Jahre hindurch unterlassen, an Büchern lebender Autoren Kritik zu üben, aber dann fühlte ich, daß es sich nicht immer umgehen ließ, und seitdem weiß ich, daß der offene Angriff und der Kampf der Geister manchmal unumgänglich ist. Es ist ein schwieriges Problem. Man bedroht das Lebenswerk anderer Menschen. Wenn es geht, sollte man sicher warten, bis sie gestorben sind.

IV. Notizen über die Juden
als Teil einer Etablierten-Außenseiter-Beziehung

Eigentlich zählt das, was ich hier über die Juden zu sagen habe, zu dem Bericht über meine Lehrzeit, zu dem, wovon ich lernte. Es ist eine eigentümliche Erfahrung, einer stigmatisierten Minoritätsgruppe anzugehören und zugleich voll und ganz in den Kulturstrom und den politisch-sozialen Schicksalsgang der stigmatisierenden Majorität eingebettet zu sein. Ich kann nicht sagen, daß mich die Identitätsprobleme, die sich aus dieser gleichzeitigen Zugehörigkeit zu einer deutschen und einer jüdischen Tradition ergaben, je besonders beunruhigt haben. Ich habe nie einen Hehl daraus gemacht, daß ich der Herkunft nach ein deutscher Jude bin. Ich glaube, man sieht es mir an. Dabei spürte ich schon frühzeitig, schon auf der Schule, eine tiefe Zuneigung zu der französischen Sprache und Kulturtradition. Das Schicksal brachte es mit sich, daß ich relativ spät im Leben eine nicht weniger große Zuneigung zu der englischen Sprache und Kulturtradition gewann. Die langen Jahre, die ich von 1935 an in England verbrachte, stellten für mich eine außerordentliche Bereicherung dar, *a blessing in disguise* – eine furchtbare Verkleidung gewiß, das sich wiederholende Judenschicksal, vertrieben zu werden, aber ein Segen nichtsdestoweniger.

Gerade im Zusammenhang mit diesem Schicksal kann ich selbst in den vorliegenden fragmentarischen Aufzeichnungen nicht an dem vorübergehen, was ich schon früh im Leben von dieser Sonderbarkeit des jüdischen Schicksalslaufs lernte. Nur muß ich dazu etwas weiter ausholen. Das soziologische Gewissen läßt mir sonst keine Ruhe.

Man mißversteht die Problematik der Juden in der deutschen Gesellschaft, in der ich aufwuchs, eben deswegen leicht, weil nicht einmal klar ist, um welche Art von Problem es sich eigentlich handelt. Man spricht in diesem Zusammenhang von einem Rassenproblem oder vielleicht auch von einem ethnischen oder religiösen Problem. Aber so sehr auch eine eigene religiöse oder kulturelle Tradition bei der gesellschaftlichen Stellung der Juden in Deutschland mitspielte, entscheidend für die Probleme, die sich aus der Existenz einer unterscheidbaren Minorität in Deutschland ergaben, waren recht eigentlich gesellschaftliche, also soziologische Sachverhalte. Nur der Unterentwicklung der Soziologie als Wissenschaft ist es zuzuschreiben, daß die Struktur der menschlichen Probleme, um die es sich hier handelt, noch immer nicht mit derjenigen Klarheit herausgearbeitet worden ist, mit der sich soziologische Probleme darstellen und lösen lassen.

Es ist nicht unwahrscheinlich, daß die Erfahrungen, die ich selbst von klein auf als Jude in Deutschland machte, zu der Anziehungskraft beitrugen, die später die Soziologie für mich hatte. Ich habe mir in dieser Hinsicht nie etwas vorgemacht. Kulturell in hohem Maße der deutschen Tradition verbunden, gehörte ich meiner Persönlichkeitsstruktur nach zu einer verachteten Minderheitsgruppe. Obwohl ich mich von deren offensichtlichstem Unterscheidungsmerkmal, der besonderen Religion, losgelöst hatte, fand das Sonderschicksal der Minderheit – und noch dazu einer seit vielen Jahrhunderten verfolgten und unterdrückten Minderheit –, also das gesellschaftliche Schicksal der Gruppe, in meinem persönlichen Habitus wie in meinem Selbstbewußtsein und in meinem Denken einen unverkennbaren Ausdruck.

Später habe ich dann viele dieser Erfahrungen in einer soziologischen Theorie, in der Theorie der Etablierten-Außenseiter-Beziehungen, mitverarbeitet.[8] Das Problem, mit dem man es bei den deutschen Juden zu tun hatte, war in der Tat ein typisches Etablierten-Außenseiter-Problem. Wie viele andere Außenseitergruppen waren auch Juden in der Gesellschaft des kaiserlichen Deutschland vom Zugang zu einer ganzen Fülle sozialer Chancen ausgeschlossen. Zu diesem Zusammenschluß der Etablierten gegenüber den Außenseitern und dem Ausschluß der letzteren von vielen Etablierten-Positionen und von den Machtchancen, die sie mit sich bringen, gibt es viele Parallelen. Ein naheliegendes Beispiel sind die schwarzen und die spanischsprechenden Gruppen in den Vereinigten Staaten. Der amerikanische Ku-Klux-Klan zeigt an, daß auch in anderen Ländern bei Angehörigen der Majorität – besonders bei denen, die sich in ihrem eigenen Status bedroht, in ihrem Selbstwertempfinden verletzt und unsicher fühlen – ein tiefes Ressentiment aufkommen kann, wenn eine sozial niedrigstehende, verachtete und stigmatisierte Außenseitergruppe im Begriff ist, nicht nur legale, sondern auch soziale Gleichheit zu fordern, wenn deren Mitglieder Positionen in der Mehrheitsgesellschaft einzunehmen beginnen, die ihnen vorher verschlossen waren, und so als sozial Gleiche direkt in Konkurrenz zu den Mehrheitsangehörigen treten und vielleicht sogar in Positionen einrücken, die den Verachteten einen höheren Sta-

---

8 N. Elias / J. L. Scotson, *The Established and the Outsiders*, London 1965 (deutsche Fassung, mit einem für die holländische Ausgabe 1976 neugeschriebenen theoretischen Einleitungs-Essay, jetzt in Vorbereitung).

tus und höhere Machtchancen eintragen als den verunsicherten unteren Statusgruppen der Etablierten.

Man duldet eine verachtete und stigmatisierte, relativ machtlose Außenseitergruppe, solange sich deren Angehörige mit dem niedrigeren Platz, der ihrer Gruppe nach Auffassung der Etablierten zukommt, abfinden und sich ihrem niedrigen Status entsprechend als untergeordnete und unterwürfige Menschen benehmen. Solange die Neger Sklaven bleiben und die Juden Kleinhändler oder Hausierer, die als erkennbare Ghetto-Angehörige in fremdartiger Kleidung im Lande umherziehen, hat der Spannungsdruck zwischen Etablierten und Außenseitern, der natürlich immer vorhanden ist, ein vergleichsweise niedriges Niveau. Er steigt, wenn Mitglieder der Außenseitergruppe sozial aufsteigen oder wenn die Außenseitergruppe legale und soziale Gleichstellung mit den überlegenen Etabliertengruppen anstrebt. In diesen Fällen ergeben sich für beide Gruppen gewöhnlich recht schwierige Probleme der eigenen Identität. Ich kann hier nicht auf sie eingehen. Es genügt zu sagen, daß in diesem Falle für die Etabliertengruppen die ihnen natürlich erscheinende Ordnung der Dinge ins Wanken gerät. Ihr überlegener Status, der ein integrales Element des individuellen Selbstwertgefühls und des persönlichen Stolzes vieler ihrer Angehörigen bildet, wird dadurch bedroht, daß die Mitglieder einer im Grunde verachteten Außenseitergruppe nicht nur soziale Gleichheit, sondern auch menschliche Gleichwertigkeit beanspruchen. Die Konkurrenz um gesellschaftliche Chancen mit Mitgliedern der eigenen Gruppe wird als selbstverständlich hingenommen. Mit Mitgliedern einer verachteten Außenseitergruppe in Wettbewerb treten zu müssen, erscheint als erniedrigend und unerträglich, besonders in der Zeit des Übergangs, wenn jedermann sich dessen bewußt ist, daß diese Chancen zuvor ein Monopol der Etablierten und den Menschen der Außenseitergruppe verschlossen waren.

Die Juden waren seit vielen Jahrhunderten in den christlichen Staatsgesellschaften eine verachtete und stigmatisierte Außenseitergruppe. Das bloße Wort Jude trug aufgrund dieser langen Geschichte verächtliche und beschimpfende Untertöne mit sich, nicht viel anders als das Wort *nigger* im Englischen. Noch ich selbst zögerte als Kind, das Wort Jude auszusprechen. Man wurde frühzeitig gewahr, daß dieses Wort ringsum weithin als Schimpfwort mit Untertönen tiefster Verachtung gebraucht wurde. Ganz gewiß war das ein allgemein europäisches Problem. Zu den besonderen Schwierigkeiten, die dieses Etablierten-Außenseiter-Problem in Deutschland mit sich brachte, trugen eine ganze Reihe von Faktoren bei. Ich nenne hier zwei von ihnen.

Die tragende deutsche Gesellschaft war selbst erst vor kurzem – erst seit 1870 – von einer statusniedrigen und oft erniedrigenden Stellung unter den Etablierten der europäischen Nationalstaaten zu einer relativ hohen Machtposition aufgerückt. Ihr Status- und Identitätsbewußtsein war daher noch besonders unsicher und verletzlich, verglichen mit dem der älteren, seit langem geeinten Nationen. Die jüdische Minorität, die Außenseiter im eigenen Land, irritierte also die christlichen Etabliertengruppen ganz besonders, reizte besonders zur Feindseligkeit, weil die Etabliertengruppen selbst aufgrund ihres eigenen Schicksals in bezug auf ihren Status und ihre Identität noch unsicher waren. Daher neigte man in Deutschland dazu, von einem Extrem zum anderen, von dem Gefühl der eigenen Erniedrigung zu dem der eigenen einzigartigen Größe und Bestimmung in der Weltgeschichte überzuschwenken. Sicherlich gab es dabei unter den verschiedenen Schichten Deutschlands merkliche Gradierungen der Feindseligkeit gegenüber der jüdischen Außenseitergruppe. Etwas zugespitzt kann man sagen: je statusunsicherer, um so antisemitischer. So sind ja auch in Südafrika gerade die ärmeren Weißen, die ihres eigenen Status und ihres eigenen menschlichen Wertes in den

Augen anderer und in den eigenen Augen am wenigsten sicher sind, gewöhnlich besonders empfindlich gegen jeden Versuch, den unterdrückten und stigmatisierten Außenseitern, den ›Kaffern‹ – in diesem Falle die Majorität –, Gleichstellung und Zutritt zu allen gesellschaftlichen Chancen zu gewähren.

Die zweite Schwierigkeit war, daß die Juden selbst zwar im kaiserlichen Deutschland mit ganz wenigen Ausnahmen von vielen sozialen Chancen und Positionen praktisch ausgeschlossen waren, also etwa von den Verkehrskreisen der bürgerlichen und adligen Gesellschaften, von den farbentragenden Studentenverbindungen, von der Laufbahn als Offizier, Diplomat, höherer Regierungsbeamter, Universitätsprofessor usw.; aber in den Bereichen, zu denen sie Zutritt fanden, also besonders im Bereich von Wirtschaft und Kultur, verhielten sie sich durchaus nicht entsprechend dem ihnen zuerkannten niedrigen Status als eine verächtliche Minderheitsgruppe. Sie nahmen die gesetzliche Gleichstellung ernst und verhielten sich, als ob sie Deutsche wären. Außenseitergruppen in einer ähnlichen Lage innerhalb der europäischen Nationalstaaten, etwa die Zigeuner, waren und blieben gewöhnlich den jeweiligen Etabliertengruppen kulturell und wirtschaftlich unzweideutig unterlegen. Bei den deutschen Juden war das am Anfang dieses Jahrhunderts nicht mehr der Fall. Sie waren, abgesehen von den jeweils neu aus dem Osten zugewanderten Juden, kulturell assimiliert und wirtschaftlich ebenbürtig. Damit – und vielleicht auch mit ihrer langen Tradition als Volk des Buches, in dessen Reihen man intellektueller Arbeit einen besonders hohen Wert beimaß – hing es zusammen, daß sie selbst sich das erniedrigende und widerwärtige Bild, das die große Mehrheit der Etablierten von ihnen hatte, nicht zu eigen machten. Die Regelmäßigkeit, die ich später bei anderen Etablierten-Außenseiter-Beziehungen beobachtete, galt auch hier (und vielleicht nahm ich sie in anderen Fällen wahr, weil ich sie sozusagen am eigenen Leib erfahren hatte): das Wir-Bild der eigenen Gruppe lesen die mächtigeren Etablierten von der Minorität der Besten, das Sie-Bild der verachteten Außenseiter von der Minorität der Schlechtesten ab.[9]

Es gibt Fälle, in denen eine verachtete und erniedrigte Außenseitergruppe sich das entwertende Bild, das die mächtigere Etabliertengruppe von ihr hat, zu eigen macht. Eine verachtete Menschengruppe hat dann auch ein erniedrigendes und beschmutztes Bild von sich selbst. Das war bei der Mehrheit der deutschen Juden am Anfang des 20. Jahrhunderts und zum guten Teil wohl schon im 19. Jahrhundert nicht der Fall. Die Beschimpfungen und Anschuldigungen, denen man ausgesetzt war, und das erniedrigende Außenseiterdasein waren manchmal unangenehm und peinlich, aber sie drangen nicht in das Mark des eigenen Selbstwertgefühls ein. Man war *de facto* ein Mensch zweiten Ranges, aber man sah sich nicht selbst deswegen als einen zweitrangigen Menschen an. Ich wünschte, es gäbe bereits mehr Untersuchungen über die Wir- und Sie-Bilder von Gruppen, die in einer sich wandelnden Etablierten-Außenseiter-Beziehung zueinander stehen. Was es für dunkelfarbige Menschen bedeutet, in einer Gesellschaft, die von hellerfarbigen Menschen beherrscht wird, mit dunklerfarbigen Gesichtern umherzugehen, kann man an der großen Anstrengung erkennen, die sie im Zusammenhang mit einer kleinen Machtverlagerung zu ihren Gunsten machen mußten, um sich und anderen öffentlich zu sagen, daß ein schwarzes Gesicht schön sein kann. Auch die betonte und oft fanatische Hochbewertung des Islam von seiten einiger mohammedanischer Gruppen in unseren Tagen ist als Reaktion auf eine lange Zeit der Erniedrigung, auf ein tiefes Unterwertigkeitsempfinden im Zuge einer Machtverlagerung zu verstehen.

Es gibt zahllose andere Beispiele für solche Wir-Bild-Probleme im Zuge von Verlagerungen der Machtbalancen im

9 Elias/Scotson, a. a. O., S. 53.

Verhältnis von Etablierten- und Außenseitergruppen. Ein besseres theoretisches Verständnis der Etablierten-Außenseiter-Problematik könnte sicher auch bei dem Bemühen um die Bewältigung solcher Probleme in der gesellschaftlichen Praxis von Nutzen sein.

Wenn ich versuche, in der Erinnerung die Art und Weise zu rekonstruieren, in der meine Eltern und ich selbst vor dem Ersten Weltkrieg diese Außenseiterproblematik als Juden in Deutschland verarbeiteten, dann kommt mir zum Bewußtsein, daß wir der Diskriminierung und Stigmatisierung der eigenen Gruppe zwar gewahr waren, aber im Schutze der Rechtsinstitutionen des Kaiserreichs und des physisch, wirtschaftlich und kulturell völlig gesicherten Lebens, das wir führten, doch nur wie durch einen Schleier. Ich wußte als Kind von der Tatsache, aber nicht von dem Ausmaß der Abneigung und des Hasses gegen Mitglieder der Gruppe, der ich angehörte. Meine Eltern und deren Bekannte hatten auch keine rechte Erklärung dafür. Sie fühlten sich als Deutsche und verdeckten sich wohl ein wenig die Realität. Antisemitismus erschien als das Werk einer Minderheit von zumeist ungebildeten und halbgebildeten Menschen, auf die man – als eine Art von Gegenstigmatisierung – mit einer gewissen Verachtung herabsah. Ein realistischeres Bild von der Lage gewann ich erst nach meiner Schulzeit, erst als Soldat und dann als Student.

Das Bild, das aus meiner Kindheit zu mir herüberdringt, ist das einer Außenseitergesellschaft, die im Bewußtsein ihrer gesetzlichen und so auch ihrer wirtschaftlichen Gleichstellung als deutsche Staatsbürger sich ihre gesellschaftliche Ungleichheit, ihr soziales Ausgeschlossensein in hohem Maße zu verdecken suchte. Das Bild des mauschelnden, schmutzigen, nach Knoblauch riechenden, betrügerischen Hausiererjuden, dem man immer von neuem in der christlichen deutschen Gesellschaft begegnete, war zu weit entfernt von dem, was man über sich selbst wußte, um ernstlich zu verletzen. Man lebte in einer etwas abgekapselten Welt. So konnte man leicht die gelegentlichen öffentlichen Haßausbrüche gegen Juden als Untaten unerzogener Radaumacher abtun.

Das jedenfalls war und blieb die Haltung meines Vaters. Er war in einem Staat aufgewachsen, den er selbst als Rechtsstaat verstand, in dessen Schutz und von dessen wirtschaftlichem Aufstieg getragen er selbst ein wohlhabender Mann geworden war. Er war ein völlig geradliniger und redlicher Mann, zuweilen aufbrausend und keiner Verstellung fähig. Ich kann mir nicht vorstellen, daß er oder meine Mutter, obgleich sie mir manches verschwiegen, je wissentlich eine Unwahrheit gesagt haben. Im Jahre 1938 sah ich sie zum letzten Mal, als sie mich in London besuchten. Ich beschwor sie, zu mir nach England zu ziehen, selbst wenn es finanziell etwas schwierig werden würde. Mein Vater zog das überhaupt nicht in Betracht, und meine Mutter, das war selbstverständlich, fügte sich seiner Entscheidung. Ich kann nicht vergessen, mit welchen Worten er meinen Hinweis auf die Brutalität der Nazis abwies: »Was können sie mir tun«, sagte er, »ich habe nie jemandem unrecht getan, habe mich nie in meinem Leben gegen ein Gesetz vergangen.« Er hatte sich im Jahre 1910 vom Geschäft zurückgezogen, arbeitete dann ehrenamtlich als Berater der Steuerbehörden und erhielt schließlich ein kleines Ordenzeichen. Er war ein Deutscher. Er hatte immer den Gesetzen gehorcht. Was konnte eine deutsche Regierung ihm anhaben? So fuhren die alten Herrschaften in ihrer Unschuld nach Deutschland zurück.

In Städten wie Breslau bildeten, soziologisch gesprochen, die deutschen Juden eine bürgerliche Gesellschaft zweiten Ranges; aber wie gesagt, sie fühlten sich nicht als Menschen zweiten Ranges. Daß viele Juden offensichtlich die ihnen zugeschriebene Minderwertigkeit nicht anerkannten, daß sie sich vielfach benahmen, als ob sie gleichwertige Menschen seien, wirkte seinerseits wieder aufreizend auf viele

Angehörige der deutschen Mehrheit. Es war einer der Gründe für den stehenden Vorwurf der ›jüdischen Impertinenz‹ und verstärkte gewiß die Gefühle der Feindseligkeit gegen Juden.

Es gibt viele Etablierten-Außenseiter-Beziehungen dieses Typs. Das zu sehen, das Problem in den kühleren Bereich der wissenschaftlichen Distanzierung zu heben, scheint mir für die Bewältigung der Vergangenheit nützlich. Es ist nützlich, beides zu sehen, die wiederkehrenden Grundprobleme dieser Art von Etablierten-Außenseiter-Beziehungen und die besonderen gesellschaftlichen Umstände im Verhältnis von Menschen christlicher und jüdischer Herkunft in Deutschland während der ersten Hälfte dieses Jahrhunderts. Mehrheits- und Minderheitsgruppen verschiedener Herkunft gibt es also in vielen Staaten. Auf dem Wege zur Integrationsstufe des Nationalstaates verstärken sich gewöhnlich die Spannungen. So steigen etwa in dieser Phase des Staatsbildungsprozesses oft genug die Spannungen zwischen Mehrheits- und Minderheitsstämmen in den jungen afrikanischen Staaten, sie steigen im Verhältnis des Staatsvolkes zu der chinesischen Minderheit im zeitgenössischen Vietnam oder der armenischen im Verhältnis zu dem türkischen Staatsvolk.

Assimilation oder Bildung eines eigenen Staates sind in allen Fällen, auf längere Sicht hin betrachtet, alternative Möglichkeiten der Bewältigung des Problems; Austreibung und Vernichtung der Minderheit sind andere Alternativen. Assimilation der Außenseitergruppe ist immer ein langwieriger Prozeß, er braucht mindestens einen Zeitraum von drei Generationen und oft mehr. Wieweit sie möglich ist, hängt von der Assimilationsbereitschaft der Außenseiter, der Assimilationsfähigkeit der Etablierten ab. Im allgemeinen sind Etabliertengruppen, die eine ungebrochene Kontinuität der staatsgesellschaftlichen Entwicklung über mehrere Jahrhunderte hinter sich haben und ein sehr gefestigtes Wir-

Bewußtsein ihres eigenen Wertes besitzen, sowohl fähiger wie auch bereiter zur Assimilation von Außenseitergruppen als Völker mit einer vielfach gebrochenen Entwicklung, die mit einem tief verunsicherten und verwundeten Selbstwertgefühl und mit einem unrealisierbaren Geltungsanspruch an sich selbst im Schatten einer größeren Vergangenheit leben und einen neuen Sinn für sich selbst in der bescheideneren Gegenwart suchen müssen.

Es ist weit hoffnungsvoller – und gehört ganz gewiß zu der Aufgabe der Soziologie –, über solche Probleme zu reden, statt sie zu verdecken und unbewältigt im Untergrund schwelen zu lassen. Aber das ausführlicher zu tun, ist hier nicht der Ort. Immerhin hätte in meinen Notizen etwas Wesentliches gefehlt, wenn ich es unterlassen hätte, dieses Etablierten-Außenseiter-Verhältnis zur Sprache zu bringen.

Ohne Zweifel hat es in Kindheit und Jugend einen prägenden Einfluß auf mich gehabt. Auf der einen Seite fand ich mich als junger Mensch durch Elternhaus und Schule hineingestellt in den Bildungsstrom der deutschen und so auch der europäischen Kultur; auf der anderen Seite gehörte ich zu einer Sondergruppe und war als deren Mitglied zuweilen unvorhergesehenen und zunächst unverständlichen Beschimpfungen ausgesetzt, auf die es keine Entgegnung gab. Allmählich wurde ich gewahr, daß ich zu einer Minderheit gehörte, die von vielem, was sich in Deutschland abspielte, ausgeschlossen war. Ich glaube nicht, daß ich als Kind verstand, warum das der Fall war, und meine Eltern konnten es mir, wie gesagt, nicht recht erklären. Aber gewiß war das keine schlechte Schule für einen zukünftigen Soziologen. Es gab einem Menschen eine gute Chance der Distanzierung von der herrschenden Gesellschaft und der Hellhörigkeit für ideologische Entstellungen und Verdeckungen gesellschaftlicher Machtverhältnisse.

Diese Chance der Distanzierung von den herrschaftlichen, insbesondere auch von den nationalistischen Ideologien der Etabliertengruppen, die sich schon im wilhelminischen Deutschland, dann noch stärker in der Weimarer Republik – wie auch in anderen Ländern – so gut wie immer mit Kampfparolen gegen die Juden verbanden, war gewiß nur eine der Eigentümlichkeiten, die man beim Aufwachsen in einer weithin stigmatisierten Außenseitergruppe mit auf den Weg bekam. Später fand man sich dann vor die Frage gestellt, was einen an die Tradition einer Gruppe band, deren offenbarstes Unterscheidungsmerkmal die Besonderheit ihrer Religion war, wenn der eigene Glaube sich völlig säkularisiert hatte. Erst sehr allmählich, erst im Zusammenhang mit meiner soziologischen Einsicht, wurde mir klar, daß die durch die Herkunft bestimmte gesellschaftliche Besonderheit, also vor allem das Aufwachsen in einer stigmatisierten Außenseitergruppe, *per se* einen stark prägenden Einfluß auf die Mentalität des Heranwachsenden hat. Auch wirkte wohl die Besonderheit der Religion selbst bei zunehmender Säkularisierung als Eigentümlichkeit der Kulturtradition noch eine Zeitlang nach. Sie äußerte sich zum Beispiel in dem, was ich für mich selbst provisorisch als gesellschaftsspezifische Züge der Gewissensbildung bezeichnete. Ich vermutete – und es war in der Tat nicht mehr als eine Vermutung –, daß in der jüdischen Tradition das Gefühl der Sündhaftigkeit der Menschen, also auch die Tabuisierung ihrer animalischen Regungen, insbesondere der Geschlechtlichkeit, weniger belastend ist und daß sich Unterschiede dieser Art bei gesellschaftlicher Kontinuität trotz zunehmender Säkularisierung aufrechterhalten. Ähnliches gilt von der Neigung zu gefühlsreichen metaphysischen Glaubensannahmen; sie blieben mir fremd. Ich spielte manchmal mit der Vermutung, daß mein eigenes Vermögen, unter Durchbrechung herrschender Tabus die sich wandelnde zivilisatorische Bewältigung elementarer Impulse wahrzunehmen, mit einer solchen Eigenart der Gewissensbildung zusammenhängen könnte.

Eine ganz offene Frage ist es für mich, ob mein eigenes starkes Verlangen, Unklarheiten und Falschheiten in den eigenen Schriften wie in denen anderer Menschen zu beseitigen, in den gleichen Zusammenhang gehört. Vielleicht handelt es sich eher um eine Familientradition. Es geht mir damit ein wenig wie meinem Vater. Die Steuerbehörden schickten ihm, nachdem er sich zur Ruhe gesetzt hatte, immer wieder einige ihrer schwierigeren Fälle, unter denen zu beiderseitiger Verlegenheit auch manche seiner Bekannten waren. Sie alle kamen mit ihren Begleitern und ihren Geschäftsbüchern, oft selbstsicher und nonchalant, und gingen nach einigen Stunden manchmal etwas deprimiert nach Hause. Mein Vater fand, anscheinend ohne besonders große Mühe, heraus, ob und wo etwas in den Büchern nicht stimmte. Manchmal handelte es sich einfach um Irrtümer, manchmal um bewußten Betrug. Mein Vater hatte eine tiefe Abneigung gegen solche Verschleierungen und Verfälschungen der Geschäftsbücher, ich selbst habe sie gegen Verschleierungen und Verfälschungen in gelehrten Büchern und bekämpfe deren Anzeichen, so gut ich es kann, in meinen eigenen. Die Schwierigkeit ist, daß besonders im Bereich des gesellschaftlichen Lebens die herkömmliche Sprache, das Handwerkszeug unseres Denkens, die Begriffe selbst oft Verfälschungen und Entstellungen in sich tragen. Das macht die Arbeit der Soziologen zuweilen recht schwer.

V. Zu spät oder zu früh

Notizen zur Einordnung der Prozeß- und Figurationstheorie

Die Erinnerung an die vorsoziologischen Erfahrungen eines Soziologen ist nicht ganz unnütz für das Verständnis seines Werdegangs. Ein langes Leben hat seine Vorteile, nicht nur für einen selbst, sondern auch für die wissenschaftliche Arbeit, die man zu leisten hat. Man kann viele gesellschaftliche Zusammenhänge miteinander vergleichen, die man miterlebt hat.

Es ist nicht unnütz, so scheint mir, in der Spätzeit des 20. Jahrhunderts, wo sich Forschung und Lehre der Soziologie im Sinne eines etablierten akademischen Fachbereichs, und oft genug nach Modellen physikalischer und philosophischer Establishments, in hohem Maße professionalisiert und bürokratisiert haben, an die Erfahrungen einer früheren Zeit zu erinnern, in der das weit weniger der Fall war und in der, wie ich das schon oben erwähnt habe, Menschen, die aus anderen Fachbereichen kamen, eigentlich erst begannen, Modelle für Forschung und Lehre der Soziologie zu schaffen in Fortführung der Arbeit, die die großen Pioniere der Soziologie im 19. Jahrhundert geleistet hatten. Aber die Professionalisierung und Bürokratisierung der Soziologie, deren praktische Vorteile unbestritten sind und die ja bei den gegenwärtigen Bedingungen der Menschenwissenschaften an den Universitäten auch unvermeidlich sind, hat zugleich bestimmte Verengungen der soziologischen Perspektive, bestimmte Verkümmerungen der soziologischen Vorstellungskraft und Sensibilität mit sich gebracht. So wäre es für das Verständnis der Entwicklung der Soziologie im frühen 20. Jahrhundert gewiß nicht ohne Bedeutung, sich zu fragen, was in dieser Zeit eine ganze Reihe von Menschen, die ursprünglich andere Fächer studiert hatten, dazu bewog, sich der Soziologie zuzuwenden. Ich muß mich in diesem Zusammenhang damit begnügen, auf das Problem als solches hinzuweisen. Es ist ein bißchen vernachlässigt worden und verdient eine eigene Untersuchung.

Gerade Angehörige der frühen, noch nicht professionalisierten Generationen sind es zumeist, die heute als Autoritäten der Soziologie kanonisiert sind. Was sie zur Soziologie trieb, war sicherlich in vielen Fällen die Erkenntnis, daß im Zuge der zunehmenden Urbanisierung und Industrialisierung auf der Ebene der gesellschaftlichen Praxis selbst eine Fülle von neuen Problemen auftauchte, die Geschichte, Nationalökonomie und die anderen Sozialwissenschaften brachliegen ließen, weil sie sich in ihr Problemschema nicht einfügten und ihren herkömmlichen Methoden nicht zugänglich waren. Zugleich stellten diese spürbaren gesellschaftlichen Wandlungen Gelehrten, die wach genug waren, sie zu sehen, eine innovatorische Aufgabe großen Maßstabes – die Aufgabe, eine umfassende Theorie der menschlichen Gesellschaft, genauer gesagt, der Menschheitsentwicklung auszuarbeiten, die als integrierender Bezugsrahmen für die verschiedenen speziellen Gesellschaftswissenschaften dienen konnte.

Mir selbst kam diese Aufgabe allmählich zu Bewußtsein, noch vage in der Heidelberger, etwas schärfer umrissen in der Frankfurter Zeit, und dieser Aufgabe, eine Zentraltheorie der Soziologie zu entwerfen, die empirienahe, also überprüfbar und korrigierbar ist, den Grundstock eines Theoriegebäudes zu legen, auf dem spätere Generationen aufbauen, das sie je nachdem verwerfen, korrigieren oder auch weiterentwickeln können – dieser Aufgabe ging ich mit wachsender Bewußtheit nach und arbeitete an ihr bis heute durch alle die vielen Sonderaufgaben hindurch, die meines gewundenen Weges kamen.

Damit ist nicht gesagt, daß ich mich in irgendeinem Sinne als Anfang sah, als Neuerer aus dem Nichts. Ich war mir dessen bewußt, daß ich ganz und gar in der Generationskette stand, also auch in der der Soziologen. Ich sah mich mit sehr wachem Bewußtsein als Mensch meiner Generationen (der Plural besagt, daß das Leben mit den späteren Generationen nicht ohne Wirksamkeit blieb, wenn auch das mit den frühsten und früheren am tiefsten einsank). Selbst die verhältnismäßig hohe Individualisierung der soziologischen Vorstellungskraft war ein gemeinsames Kennzeichen vieler Soziologen, die vor dem zweiten großen Krieg des

20. Jahrhunderts auf die Szene traten. Marx und in begrenzterem Maße auch Comte hatten bereits an dem Problem langfristiger gesellschaftlicher Prozesse gearbeitet, wenn auch in hohem Maße verwoben mit politischen Ideologien, mit sozialen Wunschvorstellungen und Idealen besonderer Art. Auch blieb jeder von ihnen der Beschäftigung mit einem bestimmten Gesellschaftsprozeß verhaftet; sie waren noch nicht auf die Reflexionsstufe hinaufgestiegen, von der aus man die Frage nach dem Wie und Warum gerichteter langfristiger gesellschaftlicher Prozesse als solcher stellen konnte.

Auch ein weites geschichtliches Wissen war unter Soziologen vor der Mitte des 20. Jahrhunderts nichts Seltenes, und viele von ihnen registrierten bereits, daß diese Kenntnis der Vergangenheit unentbehrlich ist für das Verständnis der Gegenwartsprobleme. So gut wie alle diese Menschen hatten sich, wie ich selbst, ihre historischen Kenntnisse, und damit auch die Kenntnis früherer Gesellschaftsstrukturen, nicht als Fachhistoriker erworben, sondern durch eigene Arbeit entsprechend dem Zwang der soziologischen Probleme, die sie zu lösen suchten. So verhielt es sich mit Marx; in bezug auf seine Geschichtskenntnisse wie auf sein anderes empirisches Wissen war er zum guten Teil Autodidakt. So verhielt es sich später mit Sombart, Max und Alfred Weber und auch mit Mannheim, etwa bei der Vorbereitung seines Aufsatzes über das konservative Denken. Sie alle erwarben sich Wissen von früheren Gesellschaftsverhältnissen zumeist gerade deswegen selbst, weil ihre Fragestellung, der Gesichtspunkt, unter dem sie ›historisches‹ Material benutzten, sich grundlegend von den Fragestellungen der Fachhistoriker unterschied.

Spätere Generationen, die diesen Unterschied nicht mehr richtig verstanden, deren Wissen und Interesse sich auf die enge Gegenwart beschränkte, gaben dann dieser Beschäftigung mit vergangenen sozialen Strukturen, mit soziologi-

schen Problemen früherer Gesellschaftsphasen den Namen
›historische Soziologie‹; aber das ist eine irreführende Be-
zeichnung. Alle die Soziologen, die ich genannt habe, stellten an die Vergangenheit nicht historische, sondern soziologische Fragen. Sie verstanden oft etwas von der Dynamik der
Gesellschaft. Sie sahen mit mehr oder weniger großer Klarheit, daß man die jeweils gegenwärtigen Probleme und
Strukturen menschlicher Gesellschaften nicht zu erklären
vermag, wenn man sie in einem engen Horizont, also lediglich als statische Gegebenheiten, als *hic et nunc*-Probleme
und -Strukturen betrachtet, die man in der gleichen Manier
angehen kann wie physikalische Probleme und Strukturen,
nämlich als ob sie praktisch unendlich wiederholbar seien,
als ob es darum ginge, nach ewig gültigen Gesetzen für sie zu
suchen. Vergangenheit, Gegenwart und zuweilen auch Zukunft menschlicher Gesellschaften zusammen ins Auge zu
fassen als Repräsentanten einer kontinuierlichen Bewegung
war also durchaus nichts Seltenes in diesen Soziologengene-
rationen meiner Jugend. Sie ahnten vielleicht, wenn sie es
auch noch nicht mit diesen Worten sagten, daß die Probleme
und Strukturen der jeweiligen Gegenwart eine recht andere
Gestalt annehmen, wenn man sie im Lichte der Vergangenheit, im Verein mit den langen sozialen Prozessen, die zu
ihnen hinführen, sieht, als wenn man sie kurzfristig und
statisch nur als Gegenwart für sich betrachtet.

Als Spätkommender auf diese Szene zu treten hatte für
mich neben manchen Nachteilen auch gewisse Vorteile. Es
war leichter für mich zu erkennen, wie ideologiegesättigt
existierende Modellentwürfe langfristiger Gesellschaftspro-
zesse noch waren. Es fehlte an Untersuchungen, die gesellschaftliche Wandlungen über einen längeren Zeitraum hin
mit Hilfe von detaillierten empirischen Belegen derart greif-
bar machen konnten, daß es möglich wurde, an die Stelle der
vorhandenen, oft recht spekulativen Modelle langfristiger
sozialer Prozesse einen anderen Typ theoretischer Modelle

zu setzen, nämlich Prozeßmodelle, die empirisch überprüfbar und, wenn nötig, korrigierbar oder widerlegbar waren. Das aber war offensichtlich nur dann möglich, wenn der Untersuchende nicht doktrinär an vorgefaßte Glaubensaxiome, an die eine oder andere der gegensätzlichen Ideologien auf dem zeitgenössischen Parteispektrum gebunden war.

Darum also ging es mir. Ich suchte etwas dazu beizutragen, diese Desideologisierung soziologischer Theorien in Gang zu bringen. Es war schwieriger, als ich gedacht hatte. In meinem Buch *Über den Prozeß der Zivilisation* war es mir, wie ich hoffte, gelungen, theoretische Probleme wie das der zivilisatorischen Veränderung von Menschen und die eng damit verbundene langfristige Verwandlung der staatlichen Integrationsebene von Menschen mit Hilfe von detaillierten empirischen Belegen in den Griff zu bekommen. Ich hoffte, daß es für spätere Generationen möglich sein würde, an diesen und anderen Problemen langfristiger Prozesse weiterzuarbeiten und, wenn nötig, diese ersten Schritte zu korrigieren, also jedenfalls die kontinuierlichere Entwicklung der Soziologie zu sichern, an der es ihr bisher in vielerlei Hinsicht fehlte.

Das Theoriemodell, das hier entstand, genügte auch meinem Verlangen, nicht einfach mit allgemeinen Begriffen, sondern mit greifbaren Forschungsergebnissen zu demonstrieren, daß es möglich ist, soziologische Theorien zu entwickeln, die sich nicht mehr in das Spektrum der zeitgenössischen politischen Parteiungen und sozialen Ideale fügen. Die Emanzipation der soziologischen Theorien von der Hegemonie der zeitgenössischen politischen Ideologien war gewiß kein einfaches Unternehmen – schon deswegen nicht, weil man diese Aufgabe nicht verstand. Vielleicht bedarf es einer Reihe von Generationen, ehe sich die verwirrende Vormacht der sozialen und politischen Ideologien überwinden läßt und die Soziologie sich in Sicherheit auf dem zweispurigen Gleis der empirisch-theoretischen Forschungsarbeit weiterbewegen kann. Ein einzelner Mensch kann nur ein paar Schritte auf diesem Wege tun; aber ich hoffe gezeigt zu haben, daß der Durchbruch möglich ist – ein Ausbruch aus der Falle der gegenwärtigen politischen und sozialen Glaubensdoktrinen.

Die Zivilisations- und Staatsbildungstheorie, die Symboltheorie des Wissens und der Wissenschaften und im weiteren Sinne die Prozeß- und Figurationstheorie, um deren Ausarbeitung ich mich bemüht habe, sind weder marxistisch noch liberal, weder sozialistisch noch konservativ. Mir erschienen die versteckten Parteidoktrinen, die verschleierten sozialen Ideale im wissenschaftlichen Gewande nicht nur als Fälschungen, sondern auch als unfruchtbar. Das war – und ist – sicherlich einer der Gründe für die Rezeptionsschwierigkeiten dieser Theorie und der Bücher, in denen sie enthalten ist. Man erwartet von einer soziologischen Theorie, daß sie Argumente für oder gegen die eine oder die andere Seite in den großen sozialen Glaubens- und Interessenkämpfen der neueren Zeit beibringen werde. Es ist desorientierend, daß sich diese Erwartung hier nicht erfüllt – wenn es auch gewiß an Versuchen zu einer solchen Interpretation nicht fehlt. Es ist z. B. leicht genug zu übersehen, daß der Begriff der Figuration ausdrücklich dazu geschaffen ist, die vertrackte Polarisierung der soziologischen Theorien in solche, die das ›Individuum‹ über die ›Gesellschaft‹, und solche, die die ›Gesellschaft‹ über das ›Individuum‹ stellten, zu überwinden – eine Polarisierung der soziologischen Theorien, die der Hauptachse der Glaubens- und Interessenkämpfe draußen im Lande entsprach. Aber man muß sich ja als Soziologe dem Zwang dieser Kampfachse nicht fügen, zumal sie in der Realität längst von anderen Kampfachsen überschattet wird.

Heute glaube ich sagen zu können, daß sich das Denken in Figurationen, die Menschen (und unter ihnen man selbst) miteinander bilden, bei der Weiterarbeit bewährt hat. Es fehlt mir nicht an Verständnis dafür, daß man das begriffliche Werkzeug, das ich in der Form des Figurationsbegriffs auszuarbeiten suchte, hauptsächlich daraufhin prüft, was es mit älteren Theorievorschlägen gemein hat, die die kollektiven über die individuellen Integrationsstufen der Menschen stellten, also etwa mit den Durkheimschen und Simmelschen Vorschlägen oder mit denen der ›Systemtheoretiker‹. Ich kann die Blinden nicht sehen lehren, kann ihnen, wie unzweideutig ich es auch sage, den Unterschied nicht verständlich machen. Denn er beruht letzten Endes auf einem weiteren Akt der Selbstdistanzierung, auf dem Aufstieg zu der nächsthöheren Stufe auf der Wendeltreppe des Selbstbewußtseins, und wenn man diese Selbstdistanzierung nicht nachvollziehen kann, stößt die Erklärung auf taube Ohren.

Zu einem solchen Aufstieg gibt es Ansätze in den vorangehenden Theoriebildungen der Soziologie. Manche Theorien von Marx und Weber zeugen von einem hohen Maß an Distanzierung, eingebettet in Zeugnisse ihres Engagements. Aber sie machen Distanzierung und Engagement noch nicht zum Problem. Sie heben den Schritt der Selbstdistanzierung noch nicht als solchen ins Bewußtsein. Solange das nicht geschieht, sieht man unwillkürlich immer sich selbst als Einzelnen der Gesellschaft gegenüber und so auch alle anderen einzelnen Menschen als ›Individuen‹ jenseits der Gesellschaft – oder umgekehrt die Gesellschaft als etwas, das jenseits und außerhalb der einzelnen Individuen existiert. Solange man diesen weiteren Schritt der Selbstdistanzierung nicht zu tun, nicht gedanklich in den Griff zu bekommen vermag, ist es, mit einem Wort, schwierig, das Schiff der Soziologie wie das der Menschenwissenschaften überhaupt zwischen den Ideologien des Individualismus und des Kollektivismus hindurchzusteuern. Was den Figurationsbegriff von vorangehenden Begriffen, mit denen man ihn vergleichen mag, unterscheidet, ist eben die Perspektive auf Menschen, die er repräsentiert. Er hilft aus der herkömmlichen Falle heraus, aus der Falle von Polarisierungen wie der von ›Individuum‹ und ›Gesellschaft‹, soziologischem Atomismus und soziologischem Kollektivismus. Allein schon die Worte ›Individuum‹ und ›Gesellschaft‹ blockieren oft die Wahrnehmung. Wenn man den weiteren Akt der Selbstdistanzierung zu vollziehen vermag, dann ist man in der Lage, beim Aufstieg auf der Wendeltreppe des Bewußtseins sich selbst, gleichsam auf der vorangehenden Stufe, als einen Menschen unter anderen zu erkennen und die Gesellschaft selbst als Figuration, die viele von Grund auf interdependente, aufeinander angewiesene und voneinander abhängige Menschen zusammen miteinander bilden; erst dann vermag man die ideologische Polarisierung von Individuum und Gesellschaft gedanklich zu überwinden. Die Aufgabe ist so leicht wie die des Eis des Kolumbus und so schwierig wie die kopernikanische Wende.

Der Widerstand gegen diesen Aufstieg auf eine weitere Stufe des Selbstbewußtseins stammt zum Teil aus einer Erlebnisschicht, die am offensten beim Kleinkind zutage liegt und die nie ganz untergeht: aus der Erlebnisschicht, aufgrund deren man sich selbst als Zentrum der ganzen Welt empfindet. Sie zeigt sich unter anderem in der Selbstverständlichkeit, mit der Menschen früherer Entwicklungsstufen ihre Erde und ihre Gruppe darauf als Zentrum der Welt erlebten. Sie zeigt sich von neuem, verbrämt durch einen schweren Vorhang gelehrter Worte, in den solipistischen und nominalistischen Neigungen der neuzeitlichen Philosophie von Descartes und Kant bis zu Husserl und Popper.

Der Widerstand gegen die Wahrnehmung seiner selbst als einer Person, die spezifische Figurationen mit anderen Menschen bildet, ist kraft dieses primären Egozentrismus der menschlichen Erfahrung sicherlich nicht geringer als der Widerstand gegen die Vorstellung, daß die Erde nur einen

nicht sehr hervorragenden Platz in der Planetenkonstella-
tion des Sonnensterns einnimmt und daß es überdies eine
sehr große Anzahl von Sternen ähnlicher Art gibt. Aber es
kommt noch hinzu, daß die gegenwärtig vorherrschende
Form der zivilisatorischen Ausprägung von Menschen die
Illusion verstärkt, daß jeder Mensch im Inneren etwas ist,
das nicht nach ›außen‹ kann, und daß dieses ›Innere‹ das
›Eigentliche‹ der eigenen Person, ihr ›Kern‹ und ›Wesen‹ ist.
Die Theorie des Zivilisationsprozesses ermöglicht es zu erkennen, daß dieser Typ des Selbsterlebnisses und der Individualisierung selbst etwas Gewordenes, Teil eines sozialen
Prozesses ist. Aber dem stemmt sich die ganze Wucht des
persönlichen Gefühls entgegen, im Inneren ganz für sich
allein, unabhängig von anderen Menschen zu existieren,
und die entsprechend große Abneigung der so geprägten
Menschen gegen die Einsicht, daß selbst ihr Persönlichstes
und Eigenstes zugleich etwas im Zuge der langen Gesellschaftsentwicklung so Gewordenes ist.

Schon von diesen Erlebnisschichten her ist die Neigung
recht stark, die menschliche Gesellschaft von sich selbst,
vom ›Individuum‹ als einem vereinzelten, ganz auf sich gestellten Wesen her zu konstruieren. Der Widerstand gegen
die offensichtliche Tatsache, daß von Geburt an das Leben in
Figurationen von Menschen zu den Grundtatsachen der
menschlichen Existenz gehört, hat also zum Teil seinen Ur-
sprung in einer Persönlichkeitsstruktur, einer Stufe der Be-
wußtseinsentwicklung, die der Illusion Nahrung gibt, daß
der ›Kern‹ des einzelnen Menschen in dessen ›Innerem‹
gleichsam hinter Schloß und Riegel gefangensitzt und so von
der ›Außenwelt‹, insbesondere auch von anderen Menschen
oder von Naturobjekten, hermetisch abgeschlossen ist.

Zugleich aber findet auch eine bestimmte politische Ideologie ihren Ausdruck in diesem Menschenbild des *homo
clausus*. Die Vorstellung des total unabhängigen Individuums, des absolut autonomen und daher auch absolut freien

einzelnen Menschen bildet das Kernstück einer bürgerlichen Ideologie, die einen ganz bestimmten Platz auf dem
Spektrum der zeitgenössischen sozialen und politischen
Glaubensbekenntnisse einnimmt. Es handelt sich dabei, wie
immer man es nennen will, um ein Ideal oder eine Utopie,
der nichts in der gesellschaftlichen Realität entspricht oder
entsprechen kann.

Als reales gesellschaftliches Modell für dieses Idealbild
des freien, ganz auf sich selbst gestellten und unabhängigen
Individuums dient gewöhnlich der Unternehmer, also der
Chef einer Handels-, Fabrik- oder Bankorganisation, der
unabhängig von staatlich-bürokratischen Interventionen,
allein seinem eigenen Urteil gehorchend, als absoluter Herr
im Hause und in diesem Sinne als völlig freies Individuum
im staatlich unbehinderten Konkurrenzkampf mit anderen ebenso freien Unternehmern seinen eigenen Reichtum
vermehrt und zugleich durch die Leitung eines florieren-
den Unternehmens zur Schaffung von Arbeitsplätzen und
zum Wohlstand des Landes beiträgt. Nun ist es durchaus
möglich, daß man auf der gegenwärtigen Stufe der Gesellschaftsentwicklung und der Entwicklung individueller Persönlichkeitsstrukturen nur dann von Menschen diejenige
Leistungsintensität, diejenige Anspannungs- und Erfin-
dungskraft erwarten kann, die nötig ist, um das kontinuier-
liche Wachstum des Sozialprodukts einer Gesellschaft zu
sichern, wenn man an den Egoismus der leitenden Männer
appelliert, wenn man sie mit Zuckerbrot und Peitsche – dem
Zuckerbrot des Profits und der Peitsche des Konkurrenz-
mechanismus – dazu antreibt. Es ist durchaus möglich, daß
sich bei den gegenwärtigen Persönlichkeitsstrukturen ein
solches gesellschaftliches Arrangement, wenn das Ziel ein
kontinuierliches Wachstum des Sozialprodukts ist, im Konkurrenzkampf mit einer total von der Regierung geplanten
und bürokratisch verwalteten Wirtschaft, die ohne starke
persönliche Motivation allein auf Befehlen und Gehorchen

abgestellt ist, rein wirtschaftlich als vorteilhafter erweist. Aber die Vorstellung, daß der Besitzer oder, entsprechend dem Entwicklungsstand des 20. Jahrhunderts, etwa auch der Direktor eines wirtschaftlichen Unternehmens als Musterbeispiel für das Idealbild des freien Individuums dienen könne, das ganz für sich allein und unabhängig von allen anderen Menschen Entscheidungen trifft, läßt sich – wohlwollend – nur als Selbsttäuschung der betreffenden Schichten, weniger wohlwollend als politische Ideologie verstehen.

Im späten 20. Jahrhundert ist der ideologische Charakter dieses Bildes vom Unternehmer als Modell des freien, unabhängigen Individuums um so prononcierter, als der Monopolmechanismus, dessen Wirkweise ich an anderer Stelle[10] untersucht und dargestellt habe, im Laufe des 19. und 20. Jahrhunderts zur Herausbildung immer größerer wirtschaftlicher Einheiten geführt hat. An die Stelle einer vergleichsweise großen Anzahl relativ kleiner Unternehmen, die vielfach in der Tat von ihren Eigentümern und deren Familien persönlich geleitet werden konnten, so daß Konkurrenzkämpfe oft noch gewissermaßen als Duelle zwischen Individuen ausgefochten wurden, ist nun in vielen Bereichen der Wirtschaft eine kleine Anzahl von Großunternehmen getreten. Ganz entsprechend der Theorie des Monopolmechanismus können dann kleinere wirtschaftliche Einheiten in solchen ökonomischen Bereichen nicht mehr mitkonkurrieren. In diesen Großunternehmen aber sind selbst die leitenden Männer und Frauen dermaßen in komplexe Interdependenzketten eingespannt und in ihren Entscheidungen dermaßen von Informationen und Ratschlägen spezialisierter Experten abhängig, daß auf sie bezogen das Idealbild des freien, unabhängigen Individuums eher als eine Karikatur der Wirklichkeit erscheint. Man verwechselt hier wohl ›Macht‹ mit ›Freiheit‹.

10 Siehe N. Elias, *Über den Prozeß der Zivilisation*, a. a. O., Bd. 2.

Vor allem aber ist die Interpretation der freien Konkurrenz gleichsam als Urbild der Freiheit des einzelnen Menschen deswegen fehl am Platze, weil sie die immanente Dynamik und Zwangsläufigkeit der Figuration, die frei miteinander konkurrierende Einheiten, ob Wirtschaftsunternehmen oder Staaten, miteinander bilden, nicht in Rechnung stellt – eben jene Dynamik, auf die ich zuvor unter dem Namen Monopolmechanismus verwiesen habe. Der Unternehmer, der sich als frei konkurrierendes Individuum versteht, weil der Mechanismus der freien Konkurrenz nicht durch Staatsinterventionen abgedrosselt oder eingeschränkt ist, bezieht in den Bereich der gedanklichen Interpretation seiner selbst als eines frei entscheidenden Menschen nicht die sozialen Zwänge mit ein, denen er selbst und seine Entscheidungen unterworfen sind aufgrund der immanenten Dynamik eines Feldes frei konkurrierender Einheiten. Die Antwort, die mir ein Unternehmer gab, in dessen Fabrik ich eine Zeitlang arbeitete, als ich ihn fragte, warum er, ein sehr begüterter Mann, bei der enormen Anspannung seiner täglichen Arbeit seine Gesundheit aufs Spiel setze, ist recht aufschlußreich: »Wissen Sie«, sagte er, »das ist Jagd. Das macht ja auch Freude, den Konkurrenten die Aufträge abzujagen, und wenn man es nicht tut, dann kommt man doch bald ins Hintertreffen.« Das war in den zwanziger Jahren, und es handelte sich um ein Familienunternehmen, das allem Anschein nach ein einzelner Mann freihändig dirigieren konnte. Aber er hatte Einsicht genug, um zu verstehen, daß der Repräsentant eines Unternehmens, das zu einem Feld frei konkurrierender Einheiten gehört, nicht etwa frei entscheiden kann, ob er sich an dem Konkurrenzkampf beteiligen will oder nicht. Er ist – durch die Eigenart der Konkurrenzfiguration – *gezwungen* mitzukonkurrieren, wenn er nicht in Abhängigkeit geraten oder untergehen, also Bankrott machen will. Denn das ist die Gesetzmäßigkeit jedes Feldes frei konkurrierender Einheiten, die ja als Konkurrenten interdependent sind: in einem Feld frei konkurrierender Einheiten, innerhalb dessen einige Einheiten größer werden als die anderen, wird ein einzelner Konkurrent automatisch kleiner, wenn und weil er nicht ebenfalls größer wird. Wie der Kartenspieler von seinen Karten und dem Geschick seiner Mitspieler, so ist der Unternehmer vom Markt und dem Geschick seiner Konkurrenten abhängig.

Hier hat man zugleich ein Beispiel für den Akt der Selbstdistanzierung vor sich, der notwendig ist, wenn man von der Bewußtseinsstufe, auf der man die Welt von sich selbst als ihrem Zentrum her erlebt, zur nächsthöheren Stufe heraufsteigt, von der aus man sich selbst als ein Individuum unter anderen zu sehen vermag, mit denen zusammen man Figurationen spezifischer Art bildet. Aus der Perspektive der früheren Stufe betrachtet mag man sich selbst recht wohl als absolut freier Herr seiner eigenen Entscheidungen vorkommen. Aus der Perspektive der nächsthöheren Stufe sieht man sich selbst nicht etwa, wie das im Sinne der gegenwärtigen politischen Polaritäten zuweilen erscheint, als passives Objekt anonymer gesellschaftlicher Kräfte, die gleichsam außerhalb der einzelnen Menschen existieren und gänzlich unabhängig von deren Handlungen die einzelnen Menschen vor sich her treiben. Man sieht sich selbst vielmehr als jemanden, dessen Entscheidungsspielraum deswegen begrenzt ist, weil er oder sie mit vielen anderen Personen, die ebenfalls Bedürfnisse haben, sich Ziele setzen und Entscheidungen treffen, zusammenlebt.

Im Grunde ist es also ein einfacher Schritt, den es zu tun gilt, um sich besser, als es heute möglich ist, in der Welt, die Menschen miteinander bilden, zu orientieren. Statt von dem einzelnen Individuum oder von gesellschaftlichen Gegebenheiten jenseits der Individuen her gilt es von der Vielheit der Menschen her zu denken. Was wir als gesellschaftliche Zwänge bezeichnen, sind die Zwänge, die viele Menschen entsprechend ihrer gegenseitigen Abhängigkeit aufeinander ausüben. Aber dieser einfache Gedankenschritt scheint für viele Menschen heute noch kaum weniger schwer vollziehbar zu sein als ehedem der Gedanke, daß die Erde nur ein Sonnenplanet unter anderen ist. Vielleicht ist die Selbstdistanzierung, die das Sehen der eigenen Person als eine Person unter anderen verlangt, gegenwärtig noch etwas zu schwer; vielleicht ist es schwierig, den Gedanken zu vollziehen, daß die vielen einzelnen Menschen niemals in einer völlig zufälligen und willkürlichen Art und Weise miteinander leben. Gerade die Tatsache, daß die anderen, wie man selbst, einen eigenen Willen haben, setzt der Eigenwilligkeit eines jeden von ihnen Grenzen, gibt ihrem Zusammenleben eine eigene Struktur und eine eigene Dynamik, die man weder verstehen noch erklären kann, wenn man jeden einzelnen Menschen für sich betrachtet; man kann das nur, wenn man von der Vielheit der Menschen, von den vielfältigen Graden und Arten ihrer Abhängigkeit und ihrer Angewiesenheit aufeinander ausgeht.

Die Verschiedenheiten dieser menschlichen Abhängigkeit und Angewiesenheit sind der Kern dessen, worauf man sich bezieht, wenn man von den Machtverhältnissen der Menschen einer Gesellschaft spricht. Deren Untersuchung, so scheint es mir, steht im Mittelpunkt der Forschungsarbeit der Soziologie, genauer gesagt: sollte im Mittelpunkt ihrer Arbeit stehen. Ohne Bestimmung und Erklärung der Machtverhältnisse einer Gruppe bleiben soziologische Untersuchungen makro- oder mikrosoziologischer Art unvollständig, vage und letzten Endes steril. Besondere Aufmerksamkeit verlangen dabei die Wandlungen von Machtverhältnissen und deren Erklärung.

Ich habe versucht, eine soziologische Machttheorie zu entwickeln und zugleich zu zeigen – etwa in meinem Buch über *Die höfische Gesellschaft* –, wie man mit ihr arbeitet. Aber auch dafür ist es noch schwer, Gehör zu finden. Es besteht offenbar eine besondere Scheu davor, wechselnde

Machtbalancen als eine allgegenwärtige Eigentümlichkeit aller menschlichen Beziehungen zu erkennen – wie ich etwa in meinem Essay *Was ist Soziologie?* dargelegt habe. Ein gutes Beispiel dafür ist die marginale Rolle, die der Begriff und das Problem der Macht in den theoretischen Werken Max Webers spielen. In manchen seiner empirischen Arbeiten, besonders in seinem Frühwerk über die ostelbischen Arbeiter und auch in brieflichen Urteilen, zeigte Max Weber oft einen unbestechlich scharfen Blick für Machtprobleme. In seinem großen Theorieentwurf suchte er, so gut es sich nur eben tun ließ, das Problem der Machtverhältnisse selbst aus seiner Typologie der Herrschaftsverhältnisse zu verdrängen. Seine außerordentliche soziologische Sensibilität ließ ihn klar genug erkennen, daß das Monopol der physischen Gewalt zu den unentbehrlichen Zentralinstitutionen eines Staates gehört. Die Verfügung über ein solches Monopol, die Möglichkeit der jeweils Herrschenden, die Staatsbürger durch den Gebrauch oder auch durch die bloße Androhung physischer Zwänge zur Befolgung der gesellschaftlichen Normen und Gesetze anzuhalten, ist sicherlich eine der entscheidenden Machtquellen jeder Art von Staatsherrschaft. Aber in Webers Theorie der Herrschaft, die sich ja gewiß auch auf die Herrschaft im Staate bezieht, taucht das Problem der Macht allenfalls am Rande auf. Gelegentlich fällt einmal die Bemerkung, daß Herrschaft »oktroyiert« werden könne. Im übrigen ist das Problem, das Weber am meisten am Herzen lag, die Frage, warum sich die Individuen der Herrschaft fügen. Deren Motive, etwa die affektive Bindung des Beherrschten an den Herrschenden, stehen an erster Stelle seiner Typologie.

Wie in anderen Fällen spielt bei Weber die liberale Grundeinstellung, die ihn zwingt, die Gesellschaft von dem einzelnen Individuum her zu konstruieren, eine verhängnisvolle Rolle bei der Ausarbeitung einer soziologischen Theorie. Ich spreche hier nicht von Verdiensten, die eine liberale Einstellung in den politischen Parteikämpfen unserer Tage haben mag. Ich spreche von der verzerrenden Bedeutung, die eine liberale Ideologie für die Konstruktion soziologischer Theorien haben muß. Sie zwang Max Weber und sie zwingt andere Soziologen dazu, bei dem Bemühen um eine soziologische Theorie das Verhältnis von Individuum und Gesellschaft so darzustellen, als ob der einzelne Mensch zunächst ganz für sich und unabhängig von der Gesellschaft, also von anderen Menschen, existiere und gewissermaßen erst sekundär und nachträglich mit anderen Menschen in Berührung komme.

Max Webers berühmtes Beispiel für das, was soziales und was nicht-soziales, also offensichtlich ›rein individuelles‹ Handeln ist, zeigt diese egozentrische Grundhaltung, in der ein Mensch sich selbst primär als vereinzeltes Individuum erlebt, mit höchster Anschaulichkeit. Wenn viele Menschen gleichzeitig einen Regenschirm aufspannen, weil es zu regnen beginnt, dann ist das nach Weber kein soziales Handeln. Weber unterläßt es, wie so oft in seinem Theorieentwurf, dieses nicht-soziale Handeln begrifflich-positiv zu identifizieren; aber es ist recht unzweideutig, worum es ihm geht. Jedes Individuum handelt hier für sich; den Gegensatz zum sozialen Handeln, den Weber hier konstruiert, bildet in seiner Sicht das ›rein individuelle‹ Handeln. Weber war noch nicht in der Lage, zu derjenigen Stufe der Selbstdistanzierung hinaufzusteigen, von der aus er die vielen Menschen, die ihre Schirme öffnen, weil es zu regnen beginnt, miteinander als eine soziale Figuration hätte wahrnehmen können, d. h. als Mitglieder einer Gesellschaft, in der es üblich ist, sich vor Regen mit Schirmen zu schützen. Er blieb noch auf der Bewußtseinsstufe stehen, auf der er sich selbst – und nach seinem Muster dann auch jeden anderen Menschen – als eine zunächst ganz für sich existierende Gestalt wahrnahm. Deren Handeln wird nach Weber sozial erst durch einen Willensakt des Individuums, nämlich dann, wenn es im Bewußtsein des Handelnden auf andere Menschen ausgerichtet ist. In diesem theoretischen Konzept kommt, wie gesagt, nicht nur eine bestimmte politische Ideologie, sondern auch die Primärerfahrung des Kindes zum Ausdruck, das sich selbst als das Zentrum der Welt, als eine für sich existierende Monade erlebt.

In dieses Erlebensmuster fügte sich dann auch glatt und nahtlos Webers erkenntnistheoretische Grundeinstellung neukantianischer Färbung. Auch für sie bildet die Monade ohne Fenster, der *homo clausus*, der egozentrische Mensch den Ausgangspunkt der Theoriebildung. Als Subjekt der Erkenntnis steht hier der vereinzelte Mensch der ganzen Welt gegenüber. Die Bilder dieser Welt im ›Innern‹ des Kopfes sind von der Welt da draußen, von der ›Außenwelt‹, wie durch eine unsichtbare Mauer abgetrennt. So kann er eigentlich nie wissen, ob oder wieweit diese ›inneren‹ Bilder zu der ›äußeren‹ Welt passen. Bei Kant beschränkte sich die Vorstellung von der Außenwelt noch in hohem Maße auf die Welt unbelebter Naturobjekte. Bei Weber bezog sie sich nun vor allem auf die menschliche Gesellschaft. An sich war diese nach Webers Vorstellung, die seiner atomistischen Grundeinstellung entsprach, ein nur wenig geordnetes Sammelsurium von vielen einzelnen Handlungen vieler einzelner Menschen; aber als Soziologe konnte man durch eine idealisierende Abstraktion wiederkehrender typischer Strukturen, also durch die Bildung von »Idealtypen«, Ordnung in das *realiter* etwas chaotische Allerlei der sozialen Handlungen vieler Individuen bringen. Kants philosophischer Idealismus, der die Ordnung der Natur letzten Endes aus der Vernunft des die Natur untersuchenden Menschen herleitete, vertrug sich also recht gut mit Webers soziologischem Idealismus, der die Ordnung der Gesellschaft letzten Endes aus der Vernunft des die Gesellschaft untersuchenden Menschen herleitete. Allerdings gilt das zumeist nur für Webers allgemeinsten Theorieentwurf. In seinen mehr empirienahen Untersuchungen stellte er oft genug überprüfbare Figurationsmodelle – etwa der Stadt oder der Bürokratie – in einer Weise vor, die dem normalen wissenschaftlichen Bemühen um größtmögliche Realitätskongruenz der Modelle durchaus entsprach.

Webers zugleich atomistischer und idealisierender Zugang zu einer soziologischen Theorie war wohl auch einer der Gründe, aus denen er trotz seiner Scharfsicht für Machtverhältnisse in der gesellschaftlichen Praxis theoretisch wenig zum Machtproblem beizutragen vermochte. Denn Machtprobleme sind, von einigen Grenzfällen abgesehen, Beziehungs- und Interdependenzprobleme. Ob man die Machtverhältnisse in der Beziehung von Kleinkind und Eltern, von Arbeitern und Unternehmern, von Regierenden und Regierten oder von kleineren und größeren Staaten untersucht, es handelt sich immer um zumeist unstabile Machtbalancen, die sich wandeln können. Von der atomistischen Grundvorstellung eines ursprünglich beziehungslosen Individuums her ist es schwer, einen theoretischen Zugang zu dieser Art von Problemen zu finden.

Hinzu kommt vielleicht, daß man von seiten der Machtstärkeren mehr dazu neigt, die Probleme der Machtunterschiede aus dem Auge zu verlieren und zu verdecken. Die Lage der Machtschwächeren, besonders wenn sie in der Lage sind, für die Verbesserung ihrer Situation zu kämpfen, schafft, so kann man annehmen, eine größere Disposition für die Wahrnehmung von Machtunterschieden. Es ist nicht verwunderlich, daß Marx, der selbst aus einer Außenseitergruppe stammte und sich in sehr hohem Maße mit der machtschwächeren Arbeiterklasse identifizierte, aus diesem spezifischen Winkel heraus einige spezifische Machtprobleme wahrnahm und theoretisch verarbeitete. Er erkannte, daß die Monopolisierung der Produktionsmittel im Verhältnis von Arbeitern und Unternehmern eine Machtquelle der letzteren bildet.

Aber der Blick von Marx und den meisten seiner Anhänger blieb dermaßen auf diese eine Form von Machtquellen und auf die Machtdifferenzen, die dieser Monopolisierung entspringen, fixiert, daß sie eine explizite und umfassendere Theorie der Macht nicht vorzulegen vermochten. Der verhängnisvolle Einfluß dieser Blickverkürzung zeigte sich deutlich genug bei dem ersten großen Versuch, Marx' Theorie in die Praxis umzusetzen. Schon Marx selbst scheint die Vorstellung gehabt zu haben, daß es genüge, die ökonomischen Quellen von Machtungleichheiten, die außerstaatliche Monopolisierung der Produktionsmittel, zu beseitigen, um die sozialen Ungleichheiten zum Verschwinden zu bringen. Die Praxis zeigte mit erschreckender Präzision die Unzulänglichkeit dieser Theorie; sie zeigte, daß die Beseitigung des Privatmonopols an Produktionsmitteln ganz und gar nicht genügt, um die hierarchische Ungleichheit der Gesellschaftsstruktur zu beseitigen oder auch nur auf ein geringeres Maß herabzuschrauben. Der Versuch, die Marxsche Gesellschaftstheorie in die Praxis umzusetzen, brachte in relativ kurzer Zeit und mit größerer Prägnanz als jedes Buchargument die Einseitigkeit ihrer ideologischen Perspektive und damit zugleich auch ihre theoretischen Mängel zutage.

Die Marxsche Theorie aus der Perspektive der Industriearbeiterschaft hatte mit den ideologischen Theoriebildungen aus der Perspektive des liberalen Bürgertums dies gemein, daß sie den Staat als Diener der Wirtschaft hinstellte; die Machtquellen, die einer Staatsregierung zur Verfügung stehen, erschienen in beiden Fällen als etwas Sekundäres gegenüber den ökonomischen Machtquellen, gegenüber der ›wirtschaftlichen Sphäre‹ überhaupt. Marx spielte sogar mit dem Gedanken, daß die staatliche Organisation als solche keine andere Funktion als die im Dienste der Unternehmerklasse, also etwa zum Schutze des Eigentums, habe und daß sie daher verschwinden werde, wenn das Privateigentum durch eine Revolution abgeschafft worden sei. Wie die meisten bürgerlichen Gesellschaftstheoretiker glaubte auch er eine zureichende Gesellschaftstheorie vorlegen zu können, die sich auf Aspekte der inneren Verhältnisse einer Staatsgesellschaft beschränkte. Er sah noch nicht, daß eine Gesellschaftstheorie, um realistischer, also für die Praxis brauchbarer zu sein, alle diejenigen Gesellschaftsstrukturen, die mit den zwischenstaatlichen Beziehungen, mit dem Vorhandensein einer Vielheit von Staatsgesellschaften zusammenhängen, ebenso in Anschlag bringen muß wie die Strukturen, die sich primär auf innerstaatliche Verhältnisse einer einzelnen Staatsgesellschaft beziehen. Dementsprechend hatte er kein Organ dafür, daß die beiden interdependenten Zentralmonopole der staatlichen Organisation, die der physischen Gewalt und der steuerlichen Abgaben, auch noch ganz andere Funktionen haben als die, das Privateigentum einer Klasse zu schützen, und daher auch nach deren Vernichtung als hochgradige Machtmittel bestehen bleiben. Es ist fraglich, ob Marx' Vorstellung von einer quasi-autonomen ökonomischen Sphäre überhaupt auf Phasen der Gesellschaftsentwicklung anwendbar ist, in denen kaufmännische Eigentümer von Kapital als quasi-autonome Gruppe nicht zugleich – wie etwa gegenwärtig in Amerika – in hohem Maße über die Machtmittel des Staates verfügen oder kraft ihrer Machtmittel denjenigen Gruppen, die über die Machtmittel des Staates verfügen, die Waage zu halten vermögen.

Jedenfalls trat die ideologische Blickverkürzung der Marxschen Theorie schnell genug zutage bei dem Versuch, sie zu verwirklichen. Der Privatbesitz an Produktionsmitteln wurde beseitigt, aber die Staatsorganisation zeigte – auch als die Zeit verging – nicht die geringste Tendenz zu verschwinden. Ganz im Gegenteil, der Funktionsbereich des Staates und daher die Macht der Regierenden vergrößerte sich durch die Revolution. In dieser Hinsicht erwies der Versuch, die Marxsche Theorie in die Praxis umzusetzen, mit besonderer Eindringlichkeit die Fehlorientierung, die die Vermischung von soziologischer Theorie mit ideologischen Wunschbildern und Idealen mit sich bringt. Wie es das revolutionäre Programm vorschrieb, wurde die Verfügungsgewalt über das gesamte Kapital der Staatsgesellschaft, die bisher zum guten Teil verstreut in den Händen einer ganzen Klasse von Menschen gelegen hatte, nun zusammengefaßt und vereinheitlicht; sie konzentrierte sich nun in den Händen der Parteileitung und der Regierungsträger. Das bedeutete einen gewaltigen Machtzuwachs der Staatsregierung im Verhältnis zu den weit verstreuten Regierten. Mit dem Regierungsmonopol der Verfügung über die Mittel physischer Gewalt, repräsentiert durch die Kontrolle über Militär und Polizei, und über dessen Zwillingsmonopol der Steuerabgaben, das unter anderem die Aufrechterhaltung der staatlichen Gewaltapparaturen ermöglicht, vereinte sich nun in den Händen einer kleinen Gruppe von Regierenden die monopolistische Verfügungsgewalt über das gesamte Kapital der Staatsgesellschaft, also das Monopol der Produktionsmittel. Hinzu trat rasch die Verfügungsgewalt der Regierenden über zwei weitere Monopole, die von zentraler Bedeutung für die Machtverteilung in einer Gesellschaft sind: die nachrevolutionäre Regierung nahm für sich das absolute Monopol der grundlegenden Orientierungsmittel in Anspruch, insbesondere das der Auslegung aller gesellschaftlichen Ereignisse und Strukturen in Vergangenheit und Gegenwart, sowie das Monopol des Organisationsrechts – keine Gruppe im Lande durfte sich organisieren ohne Erlaubnis der Zentralregierung.

Alle diese Monopole stellten – und stellen – Machtmittel dar. Ihre Ballung in den Händen einer kleinen Gruppe von Menschen, die niemandem über ihre Entscheidungen Rechenschaft schuldig waren als dem eigenen Gremium, bedeutete also auf einer anderen Ebene – nicht auf der wirtschaftlichen, sondern auf der staatlichen, nicht in dem

Verhältnis von Arbeitern und Unternehmern, sondern in dem Verhältnis von Regierten und Regierenden – eine scharfe Hierarchisierung, eine feste Institutionalisierung von Ungleichheiten der in dieser Staatsgesellschaft miteinander verbundenen Menschen.

Hand in Hand mit dieser ungeplanten, aber theoretisch vorhersehbaren Hierarchisierung, die sich mit der praktischen Umsetzung der Marxschen Theorie in strafferer, besser durchorganisierter Form von neuem einstellte, gingen begrenzte neue Formen der Egalisierung. Zu ihnen gehörte eine umfassende Erhöhung der Aufstiegs- und Karrierechancen von jungen Angehörigen arbeiterlicher und bäuerlicher Herkunft, insbesondere auch für Frauen. Zu ihnen gehörte ebenfalls eine planvollere, zielbewußtere Industrialisierung und Modernisierung des Landes und ein umfassender staatlicher Ausbau der Wohlfahrtseinrichtungen für die Masse der Bevölkerung, also eine Parallelentwicklung zu der der westlichen Wohlfahrtsstaaten. Auf der anderen Seite blieb selbst in den Fabriken die Hierarchisierung der sozialen Positionen ungefähr auf dem gleichen Niveau wie in den Privatunternehmen des Westens. An die Stelle der privaten traten staatliche und parteiliche Kontrolleure der Arbeiter und Angestellten.

Beide, die kommunistische wie die kapitalistische Gesellschaft, blieben in Wirklichkeit höchst unvollkommen. Sie funktionierten beide wahrscheinlich besser als die meisten Gesellschaften auf früheren Entwicklungsstufen. Aber die soziale Ungleichheit und Misere blieb in beiden Gesellschaften noch sehr groß. Die Realität blieb in beiden Fällen recht weit hinter den idealisierenden Spiegelbildern ihrer Ideologien zurück, durch die sie sich vor sich selbst und in ihrer Beziehung zueinander zu legitimieren suchten. Rußland, so kann man vereinfachend sagen, blieb weit davon entfernt, ein Land der Gleichen, Amerika weit davon entfernt, ein Land der Freien zu sein.

Wenn man versucht, sich eine mehr sachorientierte, nicht durch Ideologien maskierte soziologische Betrachtung des Funktionierens beider Gesellschaften vorzustellen, wenn man also vor Augen hat, wie grell und auffallend bei einer realistischeren Betrachtung die Unvollkommenheiten beider Gesellschaften zutage treten und um wieviel sie sich mindern ließen, wenn man auch nur einen Teil der militärischen Ausgaben darauf verwendete, diese Unvollkommenheiten zu verringern, dann kann man sich der Frage nicht erwehren, wie denn eigentlich die sich steigernde Spannung zwischen den beiden Großmächten, die gegenwärtig die ganze Menschheit bedroht, nun wirklich zu erklären ist. Die Antwort ist, kurz gesagt, daß sich die regierungsfähigen Etabliertengruppen der beiden Großmächte in eine Doppelbinderfiguration hineinmanövriert haben. Aus Furcht, von der Gegenseite überwältigt zu werden, sucht jede dieser Gruppen die andere zu überwältigen, zumindest stärker zu werden als die andere, also zur Hegemonialmacht zu werden. Beide befinden sich in einer Zwickmühle, die ihnen die Züge vorschreibt. Aus Furcht, zu unterliegen, müssen sie unterjochen. Aus Furcht, ins Hintertreffen zu geraten, müssen sie dem Rivalen weltweit den Rang ablaufen. Was läßt sich tun, um die Fesseln dieser Zwangssituation zu lockern?

Man sieht beim Stellen dieser Frage zunächst einmal schärfer, welche zentrale Rolle bei der Feindschaft der beiden Großmächte die Gegensätzlichkeit ihrer sozialen Ideologien, ihrer vorherrschenden Glaubensbekenntnisse und Ideale spielt. Es handelt sich nicht einfach darum, zwei Gesellschaften nach verschiedenen Mustern weiterzuentwikkeln und dann nach einiger Zeit vor einem Gremium von neutralen Schiedsrichtern zu entscheiden, welches Modell sich für die Masse der Menschen, die diese Gesellschaften bilden, als vorteilhafter erweist, welche Gesellschaft also in diesem Sinne besser funktioniert. Die verschiedenen Gesellschaftsmodelle nehmen entsprechend der gegenwärtigen Zivilisationsstufe im Bewußtsein der Menschen einen anderen Charakter an als den von verschiedenen Bauplänen für Gesellschaften. Sie nehmen den Charakter von sinngebenden Glaubensbekenntnissen an, von Ideologien mit dem gleichen Gefühlswert wie übernatürliche Religionen. Als solche haben sie für das Empfinden der Menschen, genau wie die übernatürlichen Religionen in früheren Tagen und vielfach auch noch in den unseren, einen Ausschließlichkeitsanspruch: Nur unser Gesellschaftsmuster – das besagt die Erhebung eines sozialen Bauprogramms zur sozialen Religion – kann das richtige sein; das eure ist verwerflich, minderwertig und schädlich.

Diese tief eingebaute Feindseligkeit der zu Glaubensbekenntnissen erhobenen beiden Gesellschaftsmodelle ist gewiß kein Zufall, denn die beiden Ideologien stammen aus den staatsinternen Konflikten zwischen zwei verschiedenen sozialen Klassen der Industriegesellschaften. Aber mit der Eroberung des Staatsapparates eines großen Reiches durch Anhänger eines Glaubensbekenntnisses, das im Namen der machtschwächeren Klassenkampfgruppen konzipiert und ausgearbeitet worden war, veränderte sich die Funktion dieses Glaubensbekenntnisses. Sie verlagerte sich von der innerstaatlichen auf die zwischenstaatliche Ebene; aus einer Ideologie staatsinterner Klassenkonflikte wurde eine Ideologie internationaler Staatskonflikte. Wie zu erwarten, beschränkte sich diese Umfunktionalisierung einer staatsinternen Klassenkampfideologie zu einer quasi-nationalen Staatenkampfideologie nicht auf die eine Seite. Auch die Ideologie der anderen Seite verwandelte sich nun von einem vorwiegend staatsinternen zu einem quasi-nationalen Glaubensbekenntnis einer ganzen Staatsbevölkerung oder jedenfalls ihrer Führungsgruppen.

Die Umfunktionalisierung von ideologischen Waffen des Klassenkampfes zu ideologischen Waffen des Staatenkampfes trug nicht wenig zum Anheizen der Spannungen und

Konflikte auf der zwischenstaatlichen Ebene bei. Man könnte sich fragen, ob das russische Reich und die Vereinigten Staaten auf der gegenwärtigen Entwicklungsstufe nicht auch dann die beiden mächtigsten Staaten der Erde und als solche Rivalen geworden wären, wenn der russische Industrialisierungs- und Modernisierungsprozeß entsprechend dem kapitalistischen Modell vonstatten gegangen wäre. Wenn man das Gedankenexperiment durchführt, erkennt man leicht, daß zwar in diesem Falle die Dynamik des Monopolmechanismus die beiden Großmächte mit aller Wahrscheinlichkeit ebenso gegeneinander getrieben hätte, aber ein entscheidender Umstand wäre dann anders gewesen. Die Führungskader der beiden Gesellschaften hätten sich dann bei einem Konflikt nicht notwendigerweise mit sozialer und vielleicht auch physischer Vernichtung bedroht. Wie sehr sie auch durch die Dynamik der zwischenstaatlichen Hegemonialkämpfe gegeneinander getrieben worden wären, sie hätten als Kapitalisten die gleiche Ideologie, den gleichen sozialen Glauben miteinander geteilt. Aber aufgrund der Verwandlung von innerstaatlichen Klassenkampfparolen in zwischenstaatliche nationale Ideologien bedeutet die kriegerische Spannung zwischen den beiden Großmächten die gegenseitige Bedrohung aller Führungskader der beiden Mächte mit völliger Vernichtung. Die Kommunisten drohen im Falle ihres Sieges ein kommunistisches Regime in Amerika einzuführen, die amerikanischen Kapitalisten im Falle eines Sieges in Rußland ein kapitalistisches Regime. Und da beide Seiten, von ihren Ideologien gedrängt, zugleich das Bild ihrer sozialen und ihrer physischen Vernichtung vor Augen haben, stellen sie beide füreinander eine tödliche Bedrohung dar.

Den Gegensatz zwischen den beiden Großmächten versucht man heute im wesentlichen dadurch zu erklären, daß die Amerikaner eine kapitalistische und die Russen eine kommunistische Gesellschaftsverfassung haben. Aber die

Verschiedenheit der internen Gesellschaftsverfassungen allein kann kaum das Ausmaß der Feindschaft und die gegenseitige Bedrohung mit Vernichtung verständlich machen. Wäre diese Verschiedenheit allein dafür verantwortlich, könnte man wirklich sagen: Laßt die Russen ihren kommunistischen Staat aufbauen und die Amerikaner ihren kapitalistischen. Wenn sie nichts als das tun, ist es nicht recht einzusehen, warum sie einander stören sollten.

Man kommt der Erklärung für das Ausmaß und die Unerbittlichkeit der Feindschaft bereits etwas näher, wenn man in Rechnung stellt, daß die Verschiedenheit der Gesellschaftsstrukturen sich mit einer Verschiedenheit des sozialen Glaubens verbindet, also mit Verschiedenheiten der religionsartig verfestigten sozialen Ideologien. Dieser ideologische Antagonismus treibt sowohl die Russen als auch die Amerikaner dazu an, ihre in Wirklichkeit noch recht unvollkommenen Gesellschaftssysteme jeweils als das ideale, das beste System der Welt hinzustellen und es als eine Art nationaler Mission zu betrachten, ihrem Gesellschaftssystem und ihrem sozialen Glauben in möglichst vielen anderen Staaten zur Vorherrschaft zu verhelfen. Dabei haben die Russen als Missionare für die Ausbreitung des kommunistischen Systems einen gewissen Vorteil vor den Amerikanern, weil sie ein autoritatives Buch und eine darin niedergelegte Prophezeiung besitzen, die ihnen verspricht, daß ihrem Gesellschaftssystem und ihrem Glauben die Zukunft gehört; beide, so steht geschrieben, werden sich unausweichlich über die Welt hin ausdehnen. Sicherlich wissen in Rußland wie in Amerika viele Menschen, daß die gesellschaftliche Realität ihres Landes große Mängel aufweist und von dem Idealbild durch eine weite Kluft getrennt ist. Aber zugleich verankert sich teils durch Erziehung, teils durch Propaganda und soziale Kontrolle der Glaube an den unvergleichlichen Wert und die Endgültigkeit hier des kommunistischen, dort des kapitalistischen Systems tief in der Persönlichkeitsstruktur der zugehörigen Menschen als integraler Bestandteil ihrer nationalen Identität, für die es sich lohnt, wenn nötig sein Leben einzusetzen und zu sterben.

Die Eskalation des Doppelbinders, der die beiden Großmächte gegeneinander treibt, ist unter anderem deshalb so schwer unter Kontrolle zu bringen, weil die religionsartige emotionale Verankerung der sozialen Ideologien dem im Wege steht. Eine gelassenere Handhabung des sozialen Glaubens ist gewiß einer der Schlüssel zur Lockerung der Doppelbinder-Falle. Militärische ohne ideologische Abrüstung genügt nicht. Wenn es keinen großen Krieg gibt, müssen Kapitalisten und Kommunisten noch lange miteinander leben und sich dabei ändern. Denn weder Kapitalismus noch Kommunismus sind ein Endzustand.

Ich glaube nicht, daß die Soziologen ihren Beitrag zu einer Bewältigung der großen Gefahr, in der wir uns befinden, liefern können, solange sie selbst intellektuell und emotional Gefangene der ideologischen Zwickmühle und damit des großen Doppelbinders sind. Das gelassene soziologische Studium der Ideologien und Doppelbinder-Fallen verlangt selbst ein gewisses Maß an Distanzierung.

Lebensdaten von Norbert Elias

Geboren am 22. Juni 1897 in Breslau. Eltern: Hermann Elias († 1940 in Breslau) und Sophie Elias († 1941? in Auschwitz)

1915   Einberufung zum Militär, Einsatz an der Westfront

1918   Beginn des Studiums der Medizin und Philosophie in Breslau, mit je einem Semester in Heidelberg und Freiburg

1924   Doktor der Philosophie

1925   Umzug nach Heidelberg, um eine wissenschaftliche Laufbahn zu ergreifen; Begegnung mit Karl Mannheim und Wechsel zur Soziologie

1930   Umzug nach Frankfurt als Assistent von Mannheim

1933   Flucht aus Deutschland; Versuche, in der Schweiz und in Paris eine Universitätsstelle zu erlangen

1935   Reise über Deutschland nach England; Beginn der Arbeit am *Prozeß der Zivilisation*

1935–1975   Aufenthalt in England (mit Unterbrechungen); nach dem Krieg Tätigkeit im Rahmen des *Adult Education Centre*

1954   Dozent für Soziologie an der Universität Leicester

1956   Begegnung mit Johan Goudsblom beim 3. Internationalen Soziologischen Kongreß in Amsterdam

1962–1964   Befristete Professur an der Universität von Ghana bei Akkra

ab 1965   Gastvorlesungen in Holland (Amsterdam, Den Haag) und Deutschland (Münster, Konstanz, Aachen, Frankfurt, Bochum, Bielefeld). Wohnung in Amsterdam (ab 1975) und Bielefeld (ab 1978; Zentrum für interdisziplinäre Forschung)

1977   Empfang des Adorno-Preises der Stadt Frankfurt für sein Gesamtwerk

1984   Endgültige Niederlassung in Amsterdam

Bibliographie: P. Gleichmann, J. Goudsblom und H. Korte (Hrsg.), *Materialien zu Norbert Elias' Zivilisationstheorie*, Frankfurt a. M. 1977, S. 432–435 (bis 1977); dies. (Hrsg.), *Macht und Zivilisation. Materialien zu Norbert Elias' Zivilisationstheorie 2*, Frankfurt a. M. 1984, S. 312–315 (1978–1983); *Theory, Culture and Society*, Bd. 4, No. 2–3, Juni 1987, S. 541–543 (1983–1986). Ferner: H. Korte, *Über Norbert Elias. Das Werden eines Menschenwissenschaftlers*, Frankfurt a. M. 1988, S. 189–195.

Bibliographische Notiz

Die Einrichtung dieses Bandes folgt im wesentlichen der holländischen Ausgabe *De geschiedenis van Norbert Elias*, Amsterdam: Meulenhoff 1987.

Das *Biographische Interview* erschien erstmals in holländischer Übersetzung in der Farbbeilage der Wochenzeitung *Vrij Nederland* vom 1. Dezember 1984. Die deutsche Übersetzung wurde nach dem englischen Original der Gesprächsaufzeichnungen hergestellt, lehnt sich aber im übrigen an die redigierte holländische Fassung an.

Die *Notizen zum Lebenslauf* von N. Elias wurden erstmals veröffentlicht in: *Macht und Zivilisation. Materialien zu Norbert Elias' Zivilisationstheorie 2*, hrsg. von Peter Gleichmann, Johan Goudsblom und Hermann Korte, Frankfurt a. M.: Suhrkamp 1984, S. 9–82. Sie erscheinen hier in leicht redigierter Form.

M. S.

Philosophie
in der edition suhrkamp

304/1/4.89

Philosophie
in der edition suhrkamp

Philosophie
in der edition suhrkamp

Philosophie
in der edition suhrkamp

304/4/4.89

Geschichte
in der edition suhrkamp

Geschichte
in der edition suhrkamp

Geschichte
in der edition suhrkamp

Weitere Bände erscheinen in der Neuen Historischen Bibliothek

312/3/4.89